舌を抜かれる女たち

Mary Beard
WOMEN
&
POWER

メアリー・ビアード
宮崎真紀 訳

晶文社

装画
Pablo Picasso's Struggle
between Tereus and his sister-in-law Philomela (1930),
from The Metamorphoses of Ovid. 部分図

提供
akg-images/ アフロ

ブックデザイン
鈴木成一デザイン室

WOMEN AND POWER by MARY BEARD

First Published in Great Britain in 2017 by Profile Books Ltd
Japanese translation and electronic rights arranged with
Profile Books Limited c/o Andrew Nurnberg Associates Ltd,
London through
Tuttle-Mori Agency, Inc., Tokyo

ヘレン・モラレスへ

目次

はじめに

西欧世界の女性はとても恵まれています。それは忘れないようにしたいものです。私の母は、イギリス人女性に参政権がまだない頃に生まれましたが、女性首相の誕生をその目で見ることができました。母がマーガレット・サッチャーをどう思っていたにせよ、女性が首相官邸にたどりついたことを喜び、その二十世紀の変革に自分も少しは関われたことを誇りにしていました。母より前の世代の女性たちと違って、結婚しても仕事を続け、子供を持つこともできました（母自身の母世代にとっては、妊娠はすなわち教師の仕事を辞めることを意味しました）。母は、イングランド中部、ウェスト・ミッドランズ州の大規模な小学校のきわめて有能な校長でした。当時その小学校に通っていた少年少女たちにとっては、まさに権力を絵に描いたような存在だったはずです。

でも母はまた、事はそんなに簡単ではないし、本当に男女の平等が実現するのはもっと先の話で、歓迎すべき要素もあれば怒るべき要因もあるとわかっていました。大学に行かなかったことをいつも悔やんでいたし（そして、母が夢見ていたことを私が実現したとき、わがことのように喜びました）、自分の考えや発言にあまり真剣に耳を貸してもらえないことも多く、そのたびに憤慨していました。〈ガラスの天井〉という喩えには首を傾げたかもしれませんが、出世すればするほどまわりに女性がいなくなっていくことに、もちろん気づいていました。

二〇一四年と二〇一七年に『ロンドン・レヴュー・オブ・ブックス』誌が主催した二度の講演（本書はその講演内容をまとめたもの）のために準備をしていたとき、母のことがたびたび頭に浮かびました。私は母に、そして自分自身に、そしてまた、同じ不満を共有する無数の女性たちに、説明するような内容にしたいと思ったのです――西欧社会には、女性を黙らせ、女性の言葉を軽んじ、権力の中枢から切り離そうとする（これから見ていくように、場合によっては文字どおり切り離した）メカニズムが根深く存在してきたという事実について。じつはこの件についても、古代ギリシア・ローマの世界が、現代を知るヒントを与えてくれます。女たちの口をつぐませることにかけては、西欧文化には何千年もの実績があるのです。

第一部
女が発言すること

西欧文学の伝統がまさに産声をあげた頃にさかのぼり、男が女に「黙れ、女は人前で発言してはならぬ」と告げた最初の例から話を始めたいと思います。私の念頭にあるのは、約三千年前にホメロスが書いた『オデュッセイア』の冒頭部分に永久保存された瞬間です。『オデュッセイア』は英雄オデュッセウスの物語であり、彼がトロイア戦争のあと帰郷するまでの冒険と試練の数々を描いた叙事詩だと今では考えられています。そしてオデュッセウスが留守にしていた数十年間、妻のペネロペイアは、結婚を迫ってくる求婚者たちを退け、一途に夫を待ち続けるのです。でも『オデュッセイア』は同時にオデュッセウスとペネロペイアの息子テレマコスの成長物語でもあり、叙事詩が進んでいくにつれて少年だった彼がひとりの男になっていく様子が描かれています。問題の出来事は、この叙事詩の第一歌で、ペネロペイアが王宮の自室から大広間に下りてきたとき、求婚者たちの群れの前で吟唱詩人が歌をうたっているのに出くわすところから始まります。それは、ギリシア軍の英雄たちが故郷に帰るまでの苦難をうたったものでした。ペネロペイアは不快に思い、もっと楽しい別の歌をうたってはもらえないかと人々の前で頼みます。すると若きテレマコスがそれを遮って言うのです。「母上、今は部屋に戻って、糸巻きと機織りというご自分の仕事をなさってください……人前で話をするのは男たちみなの仕事、とりわけ私の仕事です。私がこの王宮の主なのですから」。そしてペネロペイアはその場を去り、階上へ戻るのです。

青二才の若者が、人生経験豊富な中年女性のペネロペイアに口をつぐめと命じるとは、ずいぶんとおかしな話です。でも、西欧文化の記録が始まるまさにその時点で、女性の公的発言が封じられる様子が描かれるとは、これ以上わかりやすい例示はありません。さらには、ホメロス自身が主張しているように、おおやけの場での発言権をコントロールし、女という種にはしゃべらせないようにするこ

1・前五世紀のこの古代アテナイの壺には、機の横に座るペネロペイアが描かれている（機織りはつねに、よきギリシア人妻の証だった）。その正面にテレマコスが立っている。

ところそ、男が大人になるうえで欠かせない要素なのです。ここでテレマコスが実際に使っている言葉もやはり重要です。「人前で話をする」と彼が言ったときに用いた単語は〝ミュートス muthos〟です。現代に伝わるのは「神話」という意味ですが、ホメロスの時代のギリシアでは、公的な場での権威ある発言を意味しました。いわゆるおしゃべりとか無駄話とか噂話とか、女性も含む（あるいはとくに女性が好む）誰もができる行為ではないわけです。

私の関心は、女性の発言を封じるこのホメロスの古典の一場面と、女性の公的発言がやはり阻まれがちな現代の傾向との関係にあります。現代でも、議会から仕事場までさまざまな政治的な場において、女性は黙らされています。このことは一般にも認識されていて、古い『パンチ』誌の漫画で辛辣に皮肉られています。「それはすばらしい提案ですね、ミス・トリッグス。たぶんここにいる男性諸君の誰かが同じ提案をしたいはずです」。現代でさえ、おおやけに発言したことで女性たちの多くが嫌がらせを受ける、その事実と古典のあいだに何か関係があるのではないか。紙幣に女性の肖像が載ることに賛成と公言すると、ツイッターで

"That's an excellent suggestion, Miss Triggs. Perhaps one of the men here would like to make it."

「すばらしい提案です、ミス・トリッグス。たぶんここにいる男性諸君の誰かが同じ提案をしたいはずです」

2・三十年近く前に、漫画家のリアナ・ダンカンはすでに、会議室に満ちる性差別主義的空気をとらえていた。会議で発言して、この〃ミス・トリッグス的扱い〃をされたことがない女性はまずいないだろう。

レイプや斬首刑をほのめかす脅迫を受けることと、テレマコスが母ペネロペイアを退けたこととのあいだには関係があるのではないか。心の片隅でそんなことをずっと疑問に思っているのです。

　女性の声と、公的な場で演説したり議論したり発言したりすること（つまり職場での会議から国会まで、広い意味での政治）のあいだには、文化的な不和がある――。この事実について、私はここで長期的な、それもものすごく長期的な視点に立って眺めてみようと考えています。私たちはつい怠けて何でも簡単に〝女性嫌悪《ミソジニー》〟のせいにしがちですが、はるか遠くまで見渡せば、もっと別の見方ができるようになるかもしれないからです。確かに、〝ミソジニー〟は今の状況を表すひとつの考え方です（テレビの討論番組に出演したあと、あなたの性器をさまざまな腐った野菜に喩える不愉快なツイートをどっさりもらったりすれば、ミソジニー以外にそれを説明する言葉はなかなか見つからないでしょう）。しかし、たとえ黙らされないまでも、女性が発言しようとすると高い代償が伴うという現実を理解し改善しようと思ったら、ミソジニーでは片づけられない、もっと複雑な事情が背景にあると認識する必要

3・ダフィット・テニールスの十七世紀のこの絵画は、ユピテルが、今は牛に姿を変えられた哀れなイオを妻ユーノーに与え、不倫疑惑を晴らそうとしている（もちろん疑惑は事実）場面を描いたもの。

があります。

古代ギリシア・ローマ時代を通じて、女性に公的発言をさせないばかりか、女の口を封じる場面をあえて見せつける試みが延々とおこなわれ、たいていはまんまと成功していました。テレマコスの母に対する暴言はその最初の例にすぎません。たとえば前四世紀の初頭、アリストパネスは、女が国の支配権を乗っ取るという〝笑える〟空想物語で一本の喜劇を書きました。笑いどころのひとつは、女たちがおおやけの場でまともに話せなかったこと、というか、普段のおしゃべり（ほとんどがセックスにまつわることばかり）を男が政治の場で使う高尚な言葉遣いに変換できなかったことです。古代ローマに目を移すと、オウィディウスの『変身物語』があります。『変身物語』は人々が変身する様を描いた神話的叙事詩の傑作で、聖書以降では、おそらく西欧芸術に最も影響を与えた文学作品と言っていいでしょう。しかしここでも、変身のプロセスによって、女性は口をつぐまされるというモチーフがくり返し持ち出されます。かわいそうなイオはユピテル神によって牝牛に変えられてしまい、モーと鳴くことしかできなくなりました。おし

4・ジョン・ウィリアム・ウォーターハウスによる、一度見たら忘れられない、とても幻想的な絵画(一九〇三年作)。セミヌード姿のエコーが、池に映った自分自身に見とれている愛しいナルキッソスを、言葉もなく見つめている。

ゃべりなニンフ、エコーは、罰として自分の声を奪われ、他者の言葉をくり返すだけの道具と化すのです。ウォーターハウスの有名な絵画で、エコーは恋焦がれるナルキッソスをじっと見ていますが、話しかけたくてもできません。一方、〝ナルシスト〟の語源となるナルキッソスは、池に映った自分の姿に恋をするのです。

後一世紀のある熱心なローマ人編者は、「本来おとなしくしているべきなのに、公共広場《フォルム》で口をつぐんでいられなかった女」の例をかろうじて三つかき集めました。彼の描写からいろいろなことがわかります。最初の例は、マエシアという女性で、法廷でみごと自分の弁護をしてみせましたが、それは「彼女が外見は女性だが心は男である〝両性具有者《アンドロギュノス》〟と呼ばれる存在だったからだ」と編者は述べています。二人目のアフラニアという女性はみずから法廷で訴えを起こし、「厚かましくも」自分で申し立てをしたので、彼女が「吠えたり」「きゃんきゃん鳴いたり」するのに誰もがうんざりしたといいます（彼女は「人間として話をする」ことさえ認められなかったわけです）。アフラニアは前四八年に死亡したとの記述があり、

5・この十六世紀の写本には、ルクレティアの物語の主要エピソード二つが描かれている。上部には、貞淑なルクレティアにセクストゥス・タルクィニウスが襲いかかる場面（ベッドの脇に彼の服が妙にきちんと置かれている）。下部では、十六世紀のドレスを着たルクレティアがレイプ犯のことを家族に告発している。

「こういう常軌を逸した変人については、生まれたときより死んだときを記録するほうが重要だ」と書かれています。

女性の公的発言を封じる古典世界の傾向には、例外が二つしかありません。まず、人身御供になる者や殉教者には、女性でも死を迎える前におおやけに発言することが許されました。たとえば、自分の信念について堂々と主張してからライオンの前に進む初期キリスト教信者の女性たちの姿が描写されています。また、初期ローマの歴史の有名な逸話として、当時の王家の野蛮な王子に陵辱された貞淑なルクレティア［のちに共和政ローマ初の執政官となるルキウス・タルクィニウス・コラティヌスの妻］は、強姦者を糾弾し、自殺を予告するため、ひとりで演説する機会を与えられました（ただしこれは古代ローマの作家たちが書いていることであり、実際にどうだったのか知るすべはありません）。しかし、こんなに辛い意思表明の機会さえ、奪われかねませんでした。『変身物語』の中に、若き王女ピロメラが犯される話があります。ルクレティアのケースの二の舞になることを恐れ、レイプ犯はピロメラの舌を切ってしまうのです。これがシェイクスピアの『タイタス・アンドロ

6・ピロメラを犯すテレウスを描いた、一九三〇年のピカソの作品。

ニカス』でモチーフとして取り上げられ、やはりレイプされたラヴィニアは舌を切断されます。

もうひとつの例外は、少しは身近です。女性の公的発言がときに正当とされるケース――そう、家庭やわが子、夫、あるいはほかの女性たちの利益のためなら、認められることがありました。ローマ人編者が挙げた女性の公的発言の三つ目の例がそれで、ホルテンシアという名前だけがわかっている女性は、戦費をまかなうという疑わしい理由で特別富裕税が課されることになったとき、ローマ人女性（のみ）の代表者として明確に行動したため、処罰を免れました。言い換えれば、女性は極端な状況下で、自分や周囲に限定される利益を守るためなら公然と発言できますが、男性陣やコミュニティ全体を代表して話すことはできないわけです。一般に、後二世紀のある有識者が言ったように、「女性は、服を剝ぎ取られないよう身を守るのと同じように、声を人に聞かれないよう慎むべき」とされたのです。

しかし、ここには隠された事実が潜んでいます。この〝口封じ〟は、選挙権を

.cx.
HORTENSIA
zyten/ als der römer regierung vñ dry man geseczt
was/ dz durch dieselben/ in ainer not den gemainen

7・ボッカッチョ『名婦列伝』に登場するホルテンシア。この十五世紀末の版では、どう見ても十五世紀のものである服装をした彼女が、女性支持者たちを引き連れて、堂々とローマ人幹部たちと渡り合っている。

与えられず、法的にも経済的にも独立が制限されるなど、古典世界では一般に女性が無力だったという事実の反映ということだけではありません。もちろん部分的にはそうでしょう。古代の女性にとって、自分たちが正式には関与しない政治の世界で声をあげるなんて、ありえないことでした。でもここで起きているのは、女性たちをもっと積極的におおやけの場での発言から切り離すことであり、別の意味合いがあります。そして、女性の発言についての現代の伝統や慣習、思い込みに、思った以上に大きな影響を与えているのです。つまり、公的発言や演説は、古代の女性たちがしなかったことであると同時に、男性性を定義する男専用の行為であり技術だったのです。テレマコスの逸話で見たように、成人男性（少なくともエリートの成人男性）になるということは、大勢の人に向かって話をする権利を持つということだったわけです。演説は、男性性を規定する、必要不可欠とは言えないまでも、属性のひとつでした。あるいは、有名な古代ローマの標語を引用するなら、エリートの男性市民とは、〈ウィル・ボヌス・ディケンディ・ペリトゥス vir bonus dicendi peritus〉、つまり「雄弁術を身につけた立派な男」であるとまとめられます。定義からすると、公的発言をする女は、特殊なケースを除き、もはや女ではないことになるのです。

古典文学を通じて、女性の声に比べて低い男性の声の権威がくり返し強調されているのがわかります。ある古代の科学論文にはっきりと書かれているように、低い声は男らしい勇敢さを、女性の甲高い声は臆病さを表しました。古典作家の中には、女たちの声の調子や響きはつねに、男性演説者の声だけでなく、社会や政治の安定性や国全体の健全さを蝕むおそれがあると主張する者もいました。後二世紀には、ディオン・クリュソストモスという、いかにもな名前（クリュソストモスは「黄金の口を持つ（雄弁家）」という意味）の弁論家であり知識人でもある人物が、想像してみてください、と聴衆に語りかけています。「ひとつの共同体全体がこんな奇妙な災厄に見舞われたとしたら、と。男たちがみな急に女の声になってしまい、大人か子供かにかかわらず、誰も男らしい物言いができなくなったとしたら？　どんな伝染病より恐ろしい、とても耐えられない状況だとは思いませんか？　人々はきっと聖地にいる神々にお伺いをたて、山ほど捧げ物をして、怒りをなだめようとするでしょう」。彼はけっして冗談で言っているわけではないのです。

これはどこか遠方の異質な文化独特の考え方ではありません。まあ、時間的には遠いかもしれませんが。私が強調したいのは、これは公的発言における性差の伝統であり（その仮説であり）、現代人も、その伝統をしばしば間接的に、ときには直接的に受け継いでいるということなのです。いえ、誇張するつもりはありません。演説の仕方にしろ何にしろ、西欧文化のすべての要素が古代ギリシア・ローマ直伝というわけではありません（それはそれで幸いでした。ギリシア・ローマ世界にいては、誰も洒落た暮らしなどできないでしょうから）。現代社会にはさまざまな文化の影響が競い合うようにして入り込み、私たちの政治システムも、性差があるのが当たり前だった古代の方式の多くをみずから進んで捨てました。それでも私たちの討論や演説の伝統、その慣習やルールには古典世界の影が色濃く残っています。ルネサンス期に形成された現代の修辞法や弁論術は、古代の演説やその手引書の内容を明らかに踏襲しています。現在私たちが修辞的な分析をするときに使う用語は、まさにアリストテレスやキケロのそれです（ドナルド・トランプ時代の前は、たとえばバラク・オバマや彼のスピーチライターたちの巧妙な言い回しは、キケロから学んだものだ、と指摘されることもしばしばでした）。英下院における規則や手続きの大半を考案し、ある意味神聖なものにしてしまった十九世紀の紳士たちは、まさに私がここまで引用してきた古典の論理や標語、偏見のもとで育ったのです。くり返しますが、私たちは古典の遺産の単なる犠牲者や被害者だと言いたいわけではありません。大事なのは、古典から引き継がれてきた伝統が、演説というものの概念や、いい演説か悪い演説か、説得力があるかないか、誰の演説に聞く価値があるかを定める、強力なテンプレートを私たちに授けたのだということです。そして、そのテンプレートにおいて、ジェンダーが重要な基準となっているのは明白です。

現代に至る西欧の演説の伝統を何気なく眺めてみるだけで、少なくとも二十世紀までは、私がここまでに強調してきた古典的テーマがくり返し登場することに気づくはずです。おおやけの場で声をあげる女性は、古代ローマのフォルムでみずからを弁護したマエシアのように、両性具有の変人と扱われるか、みずからそうふるまっています。その明らかな例は、一五八八年にティルベリーにて、スペインの無敵艦隊との対戦に臨む兵士たちの戦意を鼓舞するため、エリザベス一世がおこなった演説です。私たち英国人の多くが学校で習ったその文言の中で、彼女は自分の両性具有性を積極的に認めているように見えます。

確かに私の肉体はか弱く脆い。しかし国王の心臓と胃を持っている。それも、イングランド国王の心臓と胃だ。

女学生たちにこんな文章を覚えさせるなんて、妙な話です。じつは、エリザベス一世はこんなことはひとつも言わなかったというのが本当のところです。直筆の原稿もスピーチライターによる草稿もなければ、目撃者による記録もなく、正典として認められているのは、四十年近くあとに、怪しげな注釈者が意図的に書

8・ティルベリーで演説するエリザベス一世の姿は、十九世紀の英国の学校の教科書によく掲載されていた。女王は風になびくふんわりしたドレスを着て、周囲を男たちと槍にすっかり囲まれている。

いた手紙にあったものなのです。でも、私がここで例として引くには、この演説が創作だとすれば、むしろ願ったりかなったりです。なにしろ、手紙を書いた男は、エリザベス本人に自分は両性具有者だとわざわざ自慢させる（あるいは告白させる）という、思いがけないオチをつけてくれたのですから。

現代の演説の伝統をもっと広く見渡してみても、やはり自分の周囲のごく一部の利益を守るため、あるいは犠牲者ぶりを見せつけるため、というのが女性の専門分野のようです。いわゆる〈名演説一〇〇選〉のたぐいを検索すると、婦人参政権活動家エメリン・パンクハーストから、北京でおこなわれた国連主催世界女性会議でのヒラリー・クリントンの演説まで、女性の発言で取りあげられているのは女性問題に関するものばかり。女性の演説でその手の選集に最も選ばれやすいのは、おそらく、アメリカの元奴隷で奴隷制廃止論者であり、女性運動家のソジャーナ・トゥルースによる一八五一年の『あたしは女ではないの？』演説だと思いますが、これもやはり同じです。「じゃああたしは女ではないの？」と彼女は訴えたとされています。

9・一八七〇年当時のソジャーナ・トゥルースの写真。すでに七十歳を超えていた彼女は、過激というより、むしろ威厳に満ち、落ち着きはらった老女という風情だ。

あたしは十三人の子を産み、そのほとんどが奴隷として売られるのをこの目で見てきたんだ。母親としてのあたしの嘆きや叫びに、耳を貸してくださったのはイエス様だけだった。じゃああたしは女ではないの……

この言葉に大きな影響力があったのは確かですが、ティルベリーでのエリザベス一世の演説に負けず劣らず、神話的です。決定版とされるものが書かれたのは、ソジャーナ・トゥルースが何を言ったにせよ、それから十年も経ってからのことでした。今ではすっかり有名になった「あたしは女ではないの？」のくり返しが挿入されたのはそのときで、本人がそんな言葉を口にしていないことはまず間違いありません。同時に、奴隷制廃止論者の言葉に似つかわしく、全体が南部訛りに翻訳されました。彼女は北部出身で、オランダ語話者として育てられたというのに。女性問題を訴える声は重要ではなかった、あるいは重要ではないと言いたいのではなく（女性のために誰かが発言しなければなりません）、女性の発言が何世紀ものあいだ、この狭い分野に制限されてきた事実を指摘したいのです。

その分野に関して発言する機会さえ、女性は必ずしも確約されてきたわけではありません。テレマコスさながら、公的発言ができないように女性を締め出そうとする試みがこれまでにも数えきれないほどありました。最近起きた最悪のケースは、キング牧師の妻で社会運動家のコレッタ・スコット・キングの手紙を読もうとしたエリザベス・ウォーレン米上院議員がそれを阻止され、さらには審議からもはずされた一件です。これが法的に正当な措置なのかどうか、上院の審議規定について知っている人はほとんどいないでしょう。ただその規定は、（ウォーレン議員の支援者を自認する）バーニー・サンダースをはじめとする男性上院議員たちが同じ手紙を読むことは阻止せず、審議からはずしもしませんでした。でも、文学作品の中にも、なんとも不穏な例がいくつかあります。

一八八〇年代に出版されたヘンリー・ジェイムズの長編『ボストンの人々』の主要テーマは、演説の得意な若き女性運動家、ヴェレーナ・タラントを黙らせることです。彼女は、求婚者バジル・ランサム（ジェイムズは、彼が低く響く豊かな声の持ち主だったことを強調しています）に惹かれるにつれ、かつてはあんなに得意だった演説がしだいにできなくなっていくことに気づきます。ランサムは、話しかける相手は自分だけにしてほしいと訴え、ヴェレーナの声を上手に私物化していきます。「君のやさしい言葉を私だけのものにしたい」と彼は言います。小説を読むだけでは、著者ジェイムズ自身の立場を特定するのは難しいのですが（読者がランサムに共感できないのは確かとはいえ）、いくつかのエッセーの中ではっきりさせています。女性の声は環境を汚し、汚染を広げ、社会を破壊すると書いているのです。後二世紀の古代ローマ人かと思うような言葉です（実際、一部は間違いなく古典に準拠しています）。アメリカ女たちの影響を受けて、言葉が「曖昧でもごもごし、舌が消えてなくなったかのような、涎まみれの唸り声や鳴き声に」なりかけている、そのうち「牛やロバの鳴き声、犬の吠え声」みたいに聞こえるようになる、と彼は主張します（舌を切られたピロメラ、牛のようにモーと鳴くことしかできなくなったイオ、犬が吠えるのに喩えられた古代ローマのフォルムで演説する女性を連想させる表現だということに注意してください）。こういう主張をしていた人はジェイムズだけではなく、大勢いたのです。アメリカ人のしゃべり方を正しい水準に引き上げよう、という運動さえ盛り上がる中で、女性の甘い囀《さえず》りが家の中で響くことを賞賛し、外世界で使う声ではないと反対する著名人もいました。そして、女性が演説するときの「か細い鼻声」について、「フンフン、ヒンヒン、シュウシュウ、クンクン」という声について、数多くの非難が聞かれました。ジェイムズはこうも言いました。「われわれの家庭、子供たち、未来、国の名誉のためにも、女たちにそんな真似をさせてはならない！」

もちろん今の世の中、こんなあからさまな言い方はしません。そう、これほどまでは。でも、一般に女性は演説に向かないという古くからの固定観念――そもそもの起源は二千年以上前にさかのぼる――は、公的発言をする女性の声の受け取り方や、発言する女性の声への違和感の底に今も存在しています。女性の話し方を表すのに今も使われている表現ひとつ取ってみても、ヘンリー・ジェイムズや偉そうなローマ人たちとたいして変わりません。演説するとき、自分の立場をかけて闘うとき、人前で意見を述べるとき、女性はどう形容されるか？「キーキーうるさい」、「めそめそ泣き言を言っている」、「クンクンぐずっている」。私自身の性器についてインターネットでとりわけ下品な言葉をひとしきり並べられたあと、さすがに「ショックだった」と私はツイートしました（かなり果敢だったと自分では思います）。すると、イギリスの主流雑誌で、私の発言があるコメンテーターによって取り上げられました。「ミソジニーには本当に『ショックだった』と彼女は泣き言を言った」（私がグーグルでひととおり検索したかぎり、この国で「泣き言を言っている」と評されるのは、女性たちを除けば、連敗しているサッカー・プレミアリーグの不人気な監督たちぐらいのものです）。

　こんな言葉ひとつがそんなに大事かって？　もちろんです。そういう言葉こそが、女性のスピーチから権威や影響力、はてはユーモアのセンスさえ奪う、独特の言いまわしを構成します。その手の言いまわしが、女性を家庭という場所に押し戻すのです（人はたとえば洗濯仕事みたいなものに「ぐずぐず愚痴をこぼし」ます）。女性の言葉を些末なものにし、「再私物化」するのです。「低い声の」男性と比較してみてください。〝低い〟という言葉だけでも、深遠なイメージを与えます。

10・ジャッキー・オートリーは二〇一六年、名誉学位を授与された。二〇〇七年にサッカー番組『マッチ・オブ・ザ・デイ』でコメンテーターを始めたときには、さんざん叩かれ、男性コメンテーターの「抑制の効いたコメントに対する侮辱だ」やら「出てきたらチャンネルを変える」のような声が聞かれたものだが。

逆に女性の声が聞こえてきても、権威をイメージさせないので、耳に入りません。いいえ、そこからどう権威を聞き取ればいいか誰も知らない、と言ったほうがいいかもしれません。つまり、そこにはミュートスがないわけです。そしてそれは声だけの話ではありません。男性の場合、ごつごつした皺だらけの顔は成熟と知恵を意味しますが、女性の場合は〝賞味期限が切れている〟ことにしかなりません。

専門家の話にしても、相手が女性だと人は耳を貸しません。少なくとも、自分の周囲だけに限定される、伝統的に女性のものとされる領域以外では。女性国会議員にとって、女性問題担当大臣（あるいは教育大臣や保健大臣）になることと、財務大臣になることでは雲泥の差があります。実際、英国では女性が財務大臣になったことはこれまで一度もありません。ほかにもあらゆる方面で、伝統的に男性のものとされる領域を女性が侵犯しようとすると、徹底的に抵抗されます。ネットボール［英国で盛んな、バスケットに似た女性向け競技］の選手だったジャッキー・オートリーがBBCの名物サッカー番組『マッチ・オブ・ザ・デイ』初の女性コメンテーターとして起用されたときに受けた嫌がらせにしろ、普段はきわめて王道の〝男性的な政治〟問題が話し合われる番組『クエスチョン・タイム』に女性が出演すると決まって割り当てられる話題にしろ、その典型です。泣き言を言ったと私を非難した同じコメンテーターが、『『クエスチョン・タイム』に登場したいちばんお馬鹿な女性」を選ぶ「ちょっとしたお遊び」のコンテストをやろうと提案したのは、驚くことではないでしょう。もっと面白いのは、このことでわかる別の文化的文脈です。あまり受けのよくない、議論を呼ぶような意見、いいえ、単に人と異なる意見というだけでも、それを女性が口にすると、お馬鹿な証拠だと取られるのです。君の意見には賛成できないと言うのではなく、この女はただの馬鹿だと断じる。「申し訳ないが、君にはわからんよ」。私も「無知な低脳」と何度呼ばれたことか。

こうした態度、考え方、偏見は私たちの中に深く刻み込まれています――脳の中にではなく（低い声のほうが高い声より権威があるように聞こえる神経学的な根拠はありません）、文化や言語、長い歴史の中に。そして、女性国会議員の数の少なさ、彼女たちが意見を言う機会が男性議員と比べて少ないことについて考えるとき、オックスフォード大学のエリート社交クラブ〈ブリンドンクラブ〉での大物政治家やそのお仲間たちの内緒話の向こう側、国会における議員たちの不快な態度や男性中心主義の向こう側、時短勤務や育児休業制度（もちろんそれらも大切ですが）の向こう側について考えなければなりません。私たちが女性の意見をどう聞くように教え込まれてきたか、というもっと根本的な問題、つまり、つかのま例の『パンチ』誌の漫画に話を戻して、〈ミス・トリッグス問題〉と私が名づけたい問題に、意識を向ける必要があるでしょう。彼女がどうやって男たちの話に口をさしはさむか、ということだけではありません。まわりが彼女の話に耳を貸さなくなった過程と偏見に、どうしたら私たちが気づけるか、ということをもっと考えたいのです。

これと同じ声とジェンダーの問題が、〝ネット荒らし《インターネット・トロール》〟や、悪口から殺害予告まで、オンラインで伝わってくる敵意にも絡んでいます。インターネットによる嫌がらせについて、偉そうに一般化するのは注意する必要があるでしょう。それはいろいろな形で現れるし（たとえば、ツイッターで投げかけられる言葉と、ネットニュースのコメント欄に書かれる言葉とでは、かなり性質が違います）、性差別主義者からのただの〝不快な〟悪口と、犯罪的な殺害予告とはまったく別です。十代の娘や息子を亡くして嘆き悲しむ親からさまざまな種類のセレブまで、ありとあらゆる人たちがターゲットになります。正確な数値は場合によって変わりますが、はっきりしているのは、実行者は女性より男性のほうが多く、女性をはるかに標的にしがちだということです。卑近な例で恐縮ですが（それに、私なんかよりはるかに苦しんでいる女性がいるはずです）、私がラジオやテレビに出演するたびに、婉曲的な表現を使えば「不適切に敵意ある」反応——言い換えれば、正当な批判とか、正当な怒りとさえ言えないような反応——が寄せられます。

こういう嫌がらせは、いろいろな要因がきっかけとなるのだと思います。子供のいたずらもあるし、酔ってはめをはずした人もいるでしょう。一瞬心の箍《たが》がはずれてしまったケースもあるはずです（その場合、あとでとても後悔するかもしれません)。悪意より悲哀を感じます。寛大な気分のときには、こういう嫌がらせは、たとえばツイッターが盛り上げたようなえせ民主的コミュニケーションに失望した人たちがしていることだと考えます。ツイッターは、有名人や権力者と直接やりとりができ、新たな民主的対話の道が開かれる道具とされていました。でも、違うのです。もし私たちが首相や法王に向けてツイートしても、たとえば手紙を出しても読んでもらえないように、ツイートだって同じ。第一、アカウント名は首相だとしても、自分でツイートなどしていません。それは道理でしょう(法王もそうなのかはわかりません)。ですから、嫌がらせの一部はこの見せかけの可能性に憤慨する叫び声であり、狙いやすいいつもの便利な標的にそれをぶつけているのではないかと思うのです(「おしゃべり女め」)。忘れないでください、「声を封じられている」と感じているのは何も女性だけではないのです。

でも、女性が受ける侮辱や脅迫を調べれば調べるほど、ここまで私が話してきた古典的なパターンにまさに当てはまるような気がしてくるのです。まず、女性としてどういう路線を取ったとしてもそれに関係なく、伝統的に男性のテリトリーとされるところにあえて足を踏み入れれば、どのみち嫌がらせをされます。相手を刺激するのは、あなたが何を言ったかではなく、単純にあなたが発言したという事実なのです。それは脅しの内容そのものも同じで、レイプしてやる、爆弾を仕掛けるぞ、殺してやるなど、決まりきった文句ばかりです（それなら安心じゃないかと思うかもしれませんが、だからといって真夜中にこれが送り付けられて怖くないということにはなりません）。でも、それに続く言葉を細かく見ていくと、女性を黙らせようという意図が見え隠れしています。「黙れ、くそアマ」というのはあちこちで見かける常套句です。あるいは、女性のしゃべる能力を奪うことを誓うもの。私は、「おまえの首を切り落として、それを犯してやる」というツイートをもらったことがあります。あるアメリカ人ジャーナリストを脅していた何者かのツイッターアカウントは、〝首ナシ雌豚〟という名前でした。別の女性は、「舌を引っこ抜かれちまえばよかったのに」とツイートされました。

こういうあからさまに攻撃的なやり方で、男たちの会話に女を入れまいとしている、あるいは締め出そうとしているわけです。この手のがむしゃらなツイッター総攻撃（ほとんどはただそれだけです）と、下院で女性議員が話しだすと男性議員たちが大声で野次り、発言そのものを聞こえなくする事態とのあいだには、うっすらとつながりがあることにやはり気づくでしょう（アフガニスタンの議会では、女性の発言を聞きたくないとき、単純にマイクのスイッチを切るようです）。皮肉なことに、こういう目に遭った女性が善意でよく勧められる解決策は、まさに攻撃者たちが望んでいた結果をもたらします。つまり、口をつぐんでおけ。「言い返さないほうがいい。相手を注目の的にするな。それこそまさに連中が望んでいることだ。ただ黙って〝ブロック〟すること」と言われます。「歯向かうつもりか？　それができないなら黙ってろ」という女たちがよく聞かされた大昔のアドバイスが甦ったようでぞっとします。このままでは、いじめっ子たちが大手を振って、校庭を独り占めするおそれがあります。

原因分析はここまでにしましょう。さて、現実的な解決策は？　女性たちみんなが感じているでしょうが、私も、それさえわかれば、という思いです。女性たちが友人同士にしろ同僚にしろ、オフィスや委員会室、会議室、ゼミ室、議会で集まれば、ほとんど毎日のように〈ミス・トリッグス問題〉が話し合われているはずです。どうしたら私の意見をあの連中に聞かせることができるのかな？　どうしたら関心を引ける？　どうやって議論の仲間入りをすればいいの？　男性の中にも同じことを感じている人がいるとは思うのですが、経歴や政治的傾向、職業が違っても、あらゆる女性をひとつにするものがあるとすれば、それは、意見を言おうとしたのに聞いてもらえなかったというおなじみの経験でしょう。会議に出席して発言したら、一瞬その場が沈黙に包まれ、つかのまぎこちない空気が流れたあと、直前に発言した男性が「さっき僕が話していたのは……」と続ける。あなたは口など開かなかったも同然の扱いで、結局は自分のことも、会議を男性専用社交クラブみたいにしている男たちのことも責めてしまうのです。

声をまわりに届かせることに頻繁に成功している女性たちは、一種の〝両性具有〟ルートでアプローチしています。古代ローマのフォルムで演説したマエシアやティルベリーで兵士たちを鼓舞したエリザベス一世のように、意識的に男性の弁論術を真似しているのです。マーガレット・サッチャーが声を低くするボイストレーニングを受け、甲高い声に足りない（と彼女の顧問たちが考えた）威厳を加えようとしたのは、まさにこの例でした。実際にそれが功を奏したのだとしたら、むげにけなすのはつむじ曲がりでしょう。それでもこの手の戦術では、依然として外野席にいるような、自分のものとは思えないしゃべり方を演じる物まね芸人になったような気分は消えません。乱暴な言い方をしてしまえば、男のふりをするのは手っ取り早い解決策かもしれませんが、問題の本質は未解決のままです。

話術のルールというものを、もっと根本から考えてみる必要がありそうです。「結局のところ、男と女では使っている言語が違うんだ」という、とっくに聞き飽きた便利な理屈に頼るつもりはありません（もし違っているなら、それは違う言語を教えられてきたからです）。それに、ポピュラー心理学の「男は火星から、女は金星から来た」的な方向に向かうつもりももちろんありません。〈ミス・トリッグス問題〉を本気で解決したいなら、権威ある話し方とはどういうものか、それはどうやって成り立つのか、権威ある話し方だと私たちはどうやって判断するようになったのか、というもっと原則的な問題に立ち返る必要があるような気がしま

11・エドワード・バーン＝ジョーンズによる、やけに〃中世風〃なピロメラ。しゃべることができない彼女は、背後にあるタペストリーにレイプの顛末を織り込んだ。一八九六年制作。

す。ボイストレーニングのクラスに行き、低くてハスキーな、完全に人工的な声の出し方を覚えることより、演説の場を仕切っている男性の声の底にできつつある危うい亀裂について考える必要があるのです。

ここで再び古代ギリシア・ローマ世界に目を向けると、ヒントが見つかります。演説の向き不向きには明確な性差がある、男にはミュートスがあり、女には沈黙が似つかわしい、という現代の思い込みの一因が古典時代にあるのは確かですが、古代の作家たちはこの認識について、私たちよりはるかに考えを巡らせているからです。彼らは思い込みの危うさに危機感を持ち、単純さを不安視し、抵抗の存在をほのめかしました。オウィディウスは作品の中で、女たちを変身や舌の切断によって断固黙らせましたが、声だけが意思疎通の手段ではないこと、女たちがそう簡単には黙らないことも示しました。ピロメラは舌を切られましたが、タペストリーに言いたいことを織り込み、強姦者を告発しました（ですからシェイクスピアの『タイタス・アンドロニカス』のラヴィニアは舌だけでなく両手も切断されるのです）。古代の弁論術研究者の中でも賢明な人々は、雄弁術で人を説得する最もすぐれた

12・一八八〇年代、パーヴェル・スヴェドムスキーは、キケロの頭部をご満悦の表情で眺める、不気味なほどエロティックなフルウィアを描いた。この絵を見るかぎり、彼女はキケロの首を自宅に持ち帰ったらしい。

テクニックは、不本意ながら女の誘惑の手練手管（と彼らには見えたようです）ときわめて近いと認めていました。だとすれば、雄弁術は男だけのものと安心していていいのか、と心配したのです。

ことのほか血なまぐさいある逸話が、古代のフォルムの様子やそこでの発言の背後に隠れていた未解決のジェンダー戦争を、あらわにしています。前四四年のユリウス・カエサル暗殺後の内乱のさなか、古代ローマ世界における最強の雄弁家で議論の名手だったマルクス・トゥリウス・キケロが私的制裁によって殺害されました。キケロを殺した暗殺団は、その頭部と両手を携えて意気揚々とローマに戻り、万人に見せるため、フォルムの演台にさらしました。そのとき、マルクス・アントニウスの妻で、かつてキケロの鋭い舌鋒の犠牲となったクロディウスの元妻フルウィアが見物にやってきました。キケロの無残な残骸を見た彼女は、おもむろに髪に挿してあったヘアピンを抜き取ると、キケロの舌に何度も突き刺したのです。ヘアピンという女性の装飾品と定義されるものを武器として使い、男性が演説するまさにその場所で攻撃するというのは、いわばピロメラの逆バージョンであり、背筋の寒くなる光景が目に浮かびます。

私がここで指摘したかったのは、批評的な目で問題を自己認識する伝統が古代にきちんと存在していたということです。これまでに私が述べてきた基本的なテンプレートに真っ向から挑戦するわけではありませんが、ジェンダー間の軋轢や矛盾を浮き彫りにし、男がするにしろ女がするにしろ、おおやけに語ることの本質と目的にまつわる、より大きな問題を提起しようとしています。私たちはここからヒントをもらい、日頃つい棚上げにしてしまう、公的発言の話法、誰の声がふさわしく、それはなぜなのかといった問題を表面化させる努力をすべきでしょう。必要なのは、〝威厳のある声〟とはどういう意味なのか、私たちはどういう過程を経てそう考えるようになったのか、古臭い言い方ではあるけれど、問題意識を高めることです。現代のペネロペイアがテレマコス的連中にどう言い返せばいいか、答えを出すのはそれからです。まあ、ミス・トリッグスにヘアピンを貸してあげれば、それで解決するのかもしれませんが。

第二部
女がパワーを持つということ

一九一五年、作家シャーロット・パーキンス・ギルマンが『フェミニジア――女だけのユートピア』（原題『ハーランド［彼女の国 Herland］』）という愉快な、でもなんとも不穏な小説を出版しました。題名から推察できるように、まだ誰も探検したことがない、地球上のどこか片隅に二千年前からある女だけの国ハーランドを舞台にした、いわばファンタジーです。そこは文句なしのユートピアです。街は清潔でよく整理整頓され、誰もが助け合い、平和で、猫さえ鳥を殺しません。持続可能な農業をおこない、食事はおいしく、社会福祉や教育も行き届いており、すべてが滞りなく運営されています。それもこれも、ある奇跡的な発明のおかげです。その国の創立当初、建国の母たちは単為生殖の技術を開発しました。実際にどうやっているのか具体的にははっきりしないのですが、とにかく女性たちは、男性の介入なしに女の子を産むことができるのです。ハーランドにセックスという行為は存在しません。

ところが、三人のアメリカ人男性がここを発見したことで、この世界が崩壊する、というのが物語の骨子です。語り手である気のいい男、ヴァンディック・ジェニングス。女性にやさしいばっかりに、それがこの世界では身の破滅のもととなるジェフ・マーグレイヴ。そして、本当に最悪なテリー・ニコルソン。初めてそこにたどりついたとき、テリーは、男がひとりもいないなんて信じられない、きっと誰かが陰で糸を引いているはずだ、と疑いました。女どもが何にしろ取り仕切るなんて、ありえない。でも実際に彼女たちだけですべてをまかなっていると受け入れるしかなくなったとき、ハーランドにはセックスと男による統制が必要だと彼は心に決めました。結局、テリーが寝室で男の統制力を少々見せつけようとして大失敗したあと、惨めに追放されたところで、物語は終わります。

この話には、ありとあらゆる皮肉がちりばめられています。物語を終始貫いて

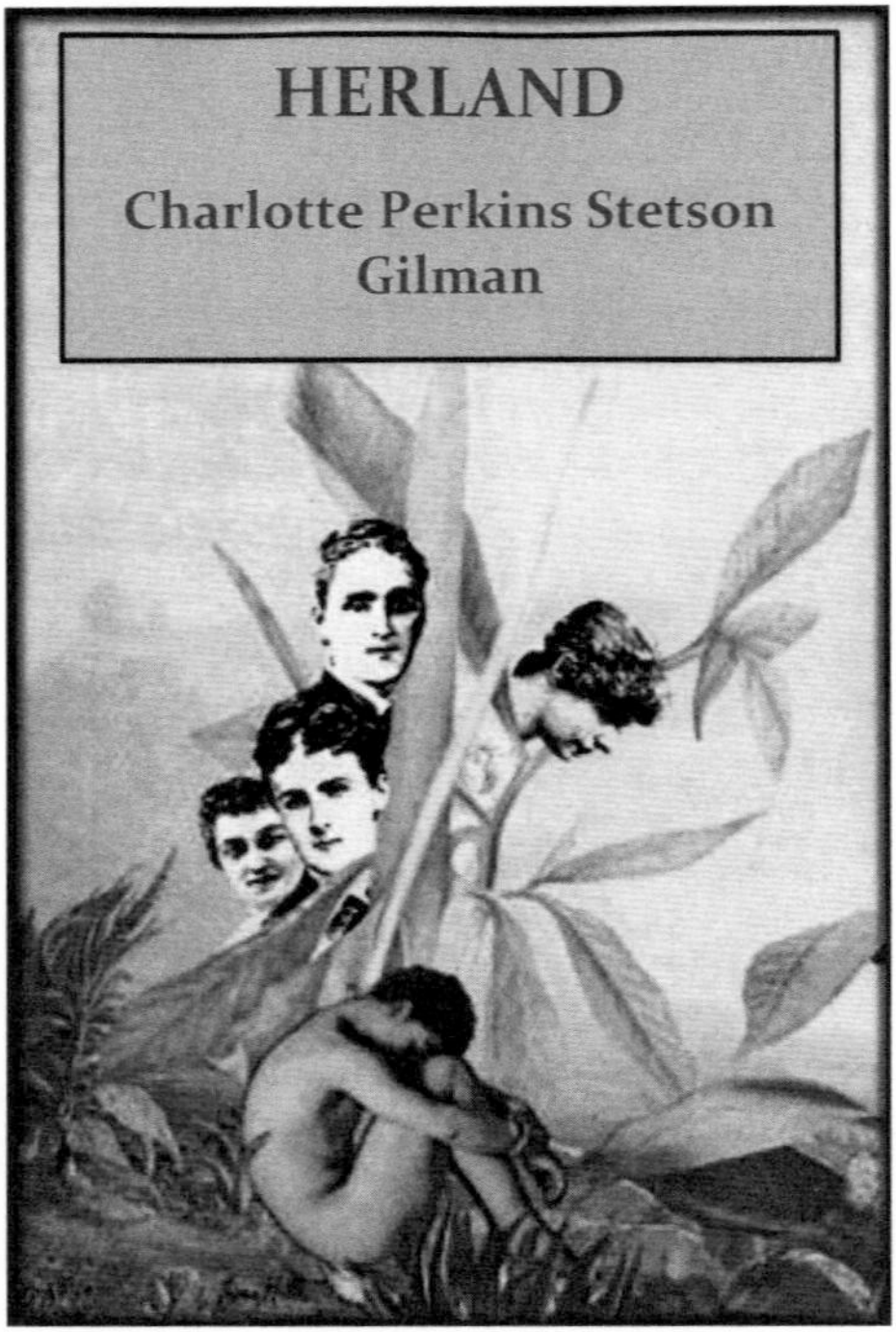

13・『フェミニジア』のこの表紙は、不思議なユートピア・ファンタジーであるギルマンの小説のイメージをよくとらえているうえ、二十世紀初頭の人種差別主義や優生学思想の要素まで取り込んでいる。

いるのは、女性たちは自分が成し遂げたことの偉大さをまるでわかっていないという諧謔です。彼女たちは自力で立派な国を創りあげ、それは充分誇りにしていいことでした。ところが招かれざる客として三人の男が現れたとき、それも腰抜けか卑劣漢かといった連中だったというのに、彼女たちは男の能力、知識、専門技術にひれ伏し、国の外にある男性世界をぼんやりと畏怖するのです。ユートピアを作ったというのに、失敗してしまったと思い込んだわけです。

でも『フェミニジア』はもっと大きな問題を提起しています。ひとつは、女性が権力を持つことについて人はどう認識しているかということ、そしてもうひとつは、少なくとも西側世界では何千年も前から、ときに笑え、ときに恐ろしい、同じような話を私たちはずっと自分に言い聞かせ、今も言い聞かせ続けている、という事実です。権力を行使する、あるいは行使しようとする女性たちをどう見るように、私たちは教え込まれてきたのか？　政界やビジネス界に蔓延するミソジニーとその形（どういう種類のミソジニーか、何にあるいは誰に向けたものか、どんな言葉やイメージを使っているか、それにどんな効果があるか）の文化的基盤は何か？

私たちの頭の中に刻み込まれた〝権力〟（同様に、〝知識〟や〝専門技術〟や〝権威〟）の従来的な定義が、なぜ、どうやって、女性たちを締め出してきたのか？

嬉しいことに、五十年前と比べればもちろん、十年前と比べても、今では〝権威ある〟地位をより多くの女性が占めていることは事実です。国会議員、地方議会議員、警察署長、管理職、ＣＥＯ、裁判官ほか、依然として少数派ではありますが、数は増えています。例としてひとつ数値を挙げると、一九七〇年代には英国会議員のうち女性はわずか四パーセント程度でしたが、現在は約三十パーセントです。でも、権力者というときに思い描く典型、あるいは文化的なテンプレートは、やはり断然男性ではないか、というのが私の基本仮説です。目を閉じて、大統領を、あるいは卑近な例ですが大学教授を思い浮かべてみるとき、想像するのはまず女性ではないでしょう。そしてそれは、あなたが女性大学教授だったとしても、同じです。文化的ステレオタイプの威力はそれだけ強力で、そんなちょっと目を閉じたときの空想レベルでも、私が私を、あるいは私と同じような職務に就く誰かを、大学教授として思い浮かべるのが難しいのです。試しにグーグル

UKで「アニメの大学教授」を画像検索しました。つまり、文化的テンプレートを探るために、フィクションの大学教授のイメージを確認してみようと考えたのです。UK（英国）に限定したのは、アメリカ合衆国の〝大学教授〟の定義は英国と微妙に違うので、それを除外するためでした。結局、ヒットした最初の百項目の中で、女性は『ポケファームQ』というゲームに登場するホリー教授だけでした。

翻って、女性権力者のイメージについて考えると、やはりテンプレートがなく、せいぜい男性的というくらいです。アンゲラ・メルケルからヒラリー・クリントンに至るまで、西欧の女性政治リーダーたちがよく身につけているフォーマルなパンツスーツ、あるいはパンツルックは、便利で実用的なのに加え、政治家の妻が陥りがちなファッションアイコンにはなるまいという意思表示なのかもしれません。でも、声を低くするのと同じように、権力者に似つかわしい、より男性的な外見にしようという単純な戦略でもあるでしょう。エリザベス一世（あるいは誰にせよ、あの有名な演説をひねり出した人）は、勝ち方を正確に知っていたからこそ、

14・女性政治家ならではの制服姿で並ぶアンゲラ・メルケルとヒラリー・クリントン。

「国王の心臓と胃」を持っていると語ったのです。そして、米コメディ番組『サタデー・ナイト・ライヴ』で、女性コメディアン、メリッサ・マッカーシーによるホワイトハウス元報道官ショーン・スパイサーの物まねがあれほど受けたのは、女性と権力のあいだに大きな溝があるからこそでしょう。トランプ大統領は、自分の政権に対する数ある風刺の中でもこの物まねにとくに不快感を示したらしく、「大統領にごく近い筋の情報」によれば、彼は「自分の側近たちが弱々しく見える」のを好まないそうです。この言葉を読み解くと、自分の側近たちが、女性によって女性みたいにパロディ化されるのを好まないという意味です。弱さは女性性の属性なのです。

このことからも、女性がいまだに権力の埒外にいるとわかります。中に送り込もうと心から応援する人もいれば、実際に成功すると、しばしば無意識のうちに、さまざまな形で侵入者というレッテルを貼ろうとする人もいるでしょう。(ケンブリッジ大学では、ほとんどのカレッジで、女性用トイレは中庭を二つ渡り、廊下を通って、地下におりた人目につかない場所にあり、これってそういうメッセージなの？　と思ったことを今でも覚えています。）でも、あらゆる意味で、女性が権力に手を伸ばそうとするときのメタファー――「ドアをノックする」、「城塞を襲撃する」、「ガラスの天井を壊す」、あるいは彼女たちを「レッグアップする〔馬に乗ろうとする女性などの足に手を添えて支えること〕」――は、女性が外野にいるという事実を強調しています。権力者になった女性は、障害を乗り越えたと見なされる場合もあれば、本来持つ権利がないものを奪ったと見なされる場合もあるのです。

二〇一七年初頭の『タイムズ』紙の一面見出しがこのことをみごとに表しています。ロンドン警視庁総監、ＢＢＣ会長、ロンドン大主教の座にまもなく女性が座るという予測について、「教会、警察、ＢＢＣにて、女性が権力奪取か」とうたったのです（結局、これを実現したのはロンドン警視庁総監クレシダ・ディックだけでした〔二〇一八年一月には女性ロンドン大主教も誕生している〕）。もちろん、見出しを書いた人は、女性の権力〝奪取〟をとても重要だと考えているのでしょう。だとしても、女性がロンドン大主教になる可能性を〝権力奪取〟と紹介すること（そして読者の大多数はこの表現を何とも思わないでしょう）そのものが、女性と権力の関係について文化的にどんな思い込みがあるのか、もっと注意深く見ていかなければならない明らかなヒントです。

職場における保育施設の設置、時短勤務、メンター制度など、実務的改革が女性の社会進出のために重要なのは確かですが、それは私たちに必要なことの一部にすぎません。固い決意を持って頑張るごく少数の人たちだけでなく、女性というジェンダーそのものが権力構造の内側に確固とした居場所を持つには、なぜ、どうやってこういう思い込みが生まれたのか、もっとよく考えなければなりません。女性からパワーを奪う文化的テンプレートがあるとすれば、それは正確にはどういうものか、どこから出てきたのか?

ここで古典世界に目を向けてみると役に立ちそうです。女性が権力を持つ、あるいは権力から遠ざけられることを表すときに、じつは私たちは気がつかないうちに、ときにはかなりショッキングな形で、古代ギリシア特有の表現をいまだに使っているのです。ざっと眺めてみただけでも、古代ギリシアの神話や物語にはかなりパワフルで印象的な女性が何人も登場します。実際には古代の女性たちは正式な参政権を持たず、経済的にも社会的にもほとんど自立できませんでした。たとえばアテナイのような都市では、〝尊敬される〟上流階級の既婚女性が自宅外に姿を見せることはめったにありませんでした。しかし、アテナイの演劇にはとくに、そして古代ギリシアの空想物語全般に、現代人のイマジネーションに大きな影響を与えた忘れがたい女性たちがいます。中でもメディア、クリュタイムネストラ、アンティゴネが有名でしょう。

でも彼女たちはロールモデルではなく、むしろ正反対です。登場シーンのほとんどで、権力を行使するというより濫用する者として描かれます。不正に権力を手に入れ、そのせいで国を崩壊させ、死と破壊と混乱を招くのです。いわば怪物のような中間的存在で、ギリシア文化の女性の定義にはまったく当てはまりません。そして物語の必然的な成り行きとして、彼女たちは権力を奪われ、本来いるべき場所に戻されます。実際、ギリシア神話の中で権力を持った女が国を徹底的に混乱させる様を描くことで、現実世界で女を権力から遠ざけ、男が支配することを正当化しているのです（パーキンス・ギルマンが、国の統治に失敗したとハーランドの女性たちに思わせたのは、この論理を軽くパロディ化しようとしていたのではないでしょうか）。

現存するごく初期のギリシア悲劇のひとつで、紀元前四五八年初演のアイスキュロス作『アガメムノン』を振り返ってみましょう。これに登場するアンチヒロイン、クリュタイムネストラがこのイデオロギーを恐ろしい形で要約しています。作品の中で、彼女はミュケーナイの王で夫であるアガメムノンがトロイア戦争に出征するあいだ、都市の実質的な支配者となり、その過程で女ではなくなっていくのです。アイスキュロスはクリュタイムネストラに触れるとき、くり返し男性性の単語や男性的な言葉を使いました。たとえば第一行目で、彼女のキャラクターを〝androboulon〟としています。これはなかなか翻訳しにくい単語で、「男のような目的を持つ」とか「男のように考える」というような意味合いです。クリュタイムネストラは帰還した夫アガメムノンを浴室で殺害するに至り、不正に手に入れた権力を使って、政治を混乱させていきます。しまいに、実の子供たちの謀略によって殺され、ようやく家父長制の秩序が取り戻されるのです。

15・十九世紀末の画家フレデリック・レイトンによる、さながら彫像のごとく直立不動のクリュタイムネストラ。太い腕やユニセックスの服など、やはり男性的な面が強調されている。

ギリシア人作家たちが世界のどこか北の果てにあると書いた、伝説的な女性だけの部族アマゾネスの話にも同じ論理が当てはまるでしょう。ハーランドで平和に暮らす女性たちと比べて、暴力的でどこか怪物めいたこの戦闘集団は、古代ギリシアの男たちが支配する文明社会を乗っ取ろうとつねに脅かしていました。現代のフェミニストたちは、このアマゾネスという部族がかつて実際に存在したことを証明するため、ずいぶんと不毛な努力を重ねてきました。女性が女性のために統治する社会が歴史上、本当にあったとすれば、とても魅力的だからです。まさに夢の世界。でも、アマゾネスは古代ギリシアの男たちが作った神話だというのが厳しい現実です。よきアマゾネスは死者か、『ハーランド』に登場したあの最悪の男テリーよろしく、寝室で男の支配を受けた者だけ、というのが基本的なメッセージです。根本にあるのは、女の支配から文明を守るのが男の義務だ、ということなのです。

古代女性のパワーがポジティブに描かれているように見える例がいくつかあるのは事実です。現代の舞台芸術に欠かせない作品のひとつとして、主人公の女性

16・前五世紀の古代アテナイの壺を装飾する、アマゾネスとギリシア人の戦い。ここに描かれたアマゾネスは、現代で言う模様入り〝つなぎ服〟か、洒落たチュニックとレギンスというでたちである。古代人が見れば、こうした服装は、現実世界でのギリシア人の敵、ペルシア人を想定しているとわかる。

17・最後のひと目で恋に落ちた二人。この前六世紀の古代アテナイの壺に描かれているのは、ギリシアの英雄アキレウスがアマゾネスの女王ペンテシレイアを殺す場面である。そして、アキレウスが彼女を槍で突くその瞬間、二人は恋に落ちる。時すでに遅し。

の名前リュシストラテが原題になっている、アリストパネスの『女の平和』が挙げられるでしょう。前五世紀末に書かれたものですが、今でも演目として人気があるのは、古典劇の高尚さ、威勢のいいフェミニズム、反戦というテーマ、ちょっぴりのお色気がちょうどよくミックスされているように見える（しかもかつて有名な女性運動家ジャーメイン・グリアが翻訳したことがある）からでしょう。端的に言うと、神話世界ではなく当時の古代アテナイを舞台にしたセックスストライキの話です。延々と続くスパルタとの戦争をやめさせるため、リュシストラテの先導のもと、女たちは夫と寝ることを拒否します。男たちは芝居のあいだほとんどずっと勃起したまま歩きまわるはめになり、ひどい不便を強いられます（衣装部はこれを表現するのにとんでもなく困らされながらも、大はしゃぎすることになります）。結局、その邪魔物に耐えきれなくなり、男たちは女の要求を呑んで、和平を結ぶのです。ガールパワーここに極まれり、とあなたは思うかもしれません。さらには、都市の守護神であるアテナも、しばしばプラスの意味にとらえられます。守護神が女だという事実そのものが、女性たちの影響力が単に想像上のものだけではなかったとほのめかしているのでは?

残念ながら、私はそう思いません。きれいな表面を引っかいて中身をむきだしにし、前五世紀の状況に照らし合わせてみれば、『女の平和』はまったく違って見えてくるでしょう。古代アテナイのしきたりによれば、観客も役者もすべて男性で、女性の登場人物はおそらくデイム［喜劇のパントマイムで男が演じる女性］のような形で演じられた、ということだけではありません。作品の最後で、結局ガールパワーというファンタジーは完全に封じ込まれます。なにしろラストシーンで描かれる和平の過程は、まず全裸の女性（あるいはそう見えるような衣装を身につけた男）が舞台に現れ、見ていてあまり気持ちのよくないポルノ風な演出により、その身体を古代ギリシアの地図として使って、アテナイとスパルタの男たちのあいだで領土として分割するという、暗喩的なものなのです。フェミニズムの芽生えとは呼べそうもありません。

また女神アテナは、確かに現代の教科書に掲載される古代ギリシアの神と女神を対比させる表（「ゼウス:神々の王」、「ヘラ:ゼウスの妻」）では女神側に入れられ

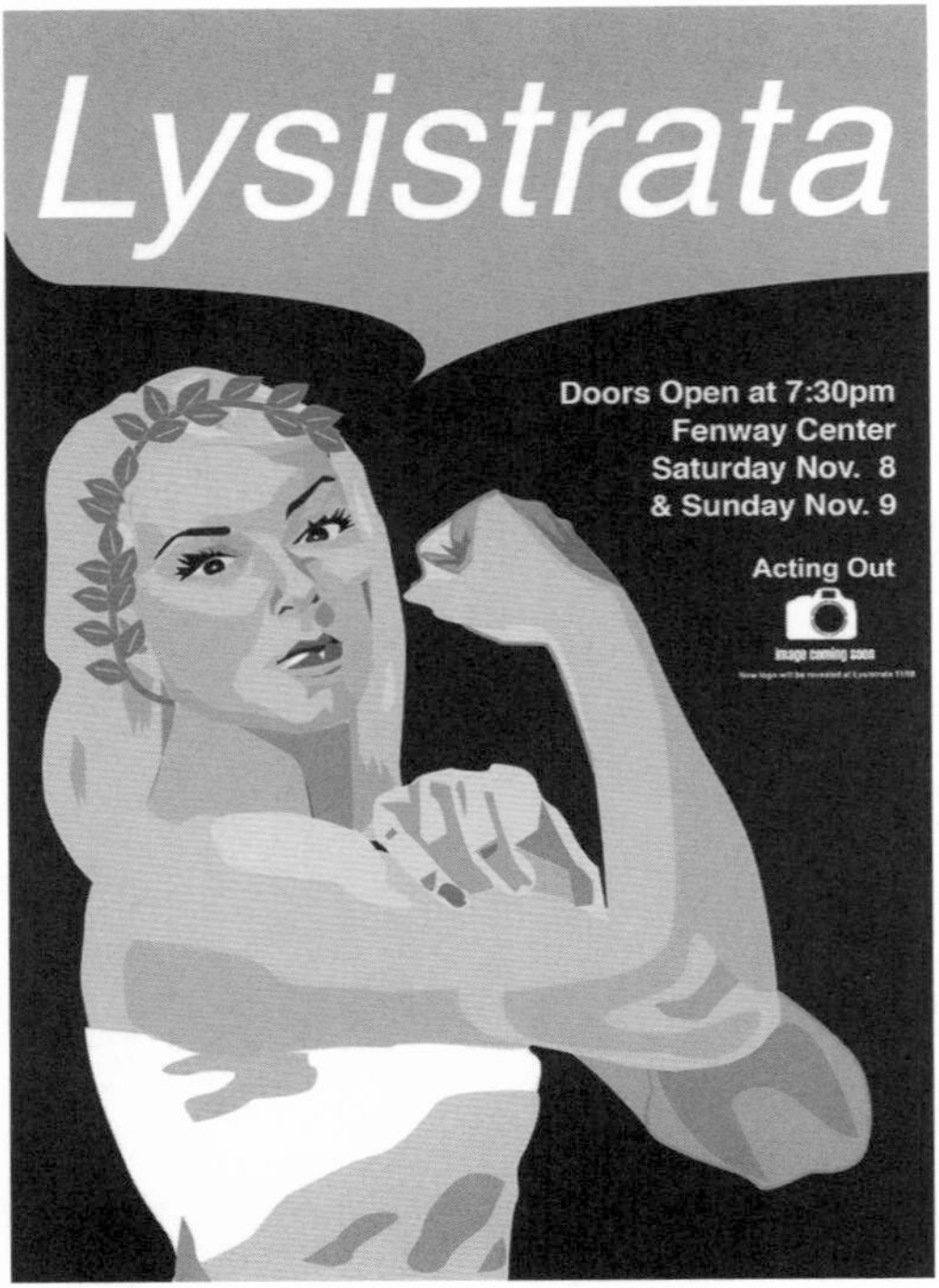

18・二〇一五年に上演された『女の平和』のポスター。第二次世界大戦中に工場や造船所で働いていた女性の象徴〝リベット打ちのロージー〟の有名なイメージと古典的ギリシア人女性像を組み合わせ、フェミニスト・パンチを食らわそうとしている。

19・『女の平和』に登場する、セックスに飢えた男たちの勃起を表現するのは、現代演劇ではなかなか難しい。最近の上演作品では、スクイーズボトルを引き延ばしたものを利用した。

20・古代ローマ時代に制作された、パンテオンの女神アテナ像の複製ミニチュア。盾や鎧の胸当てから、手にしている戦勝の象徴まで、男性的に表現されている。胸当ての中央にあしらわれているのはメドゥーサの首。

ますが、古代の文脈において彼女の何が重要かと言えば、例の扱いづらい男女混成した存在のひとりだという点です。古代ギリシア人からすれば、アテナは女性ではありません。まず戦闘は男の仕事と考えられていましたが（当然ながら、アマゾネスはその点でも潜在的に問題なのです）、彼女は戦士の服装をしています。また、女性の存在理由《レゾンデートル》は将来市民となる子供を産むことなのに、彼女はバージンです。そもそも彼女自身、母親からではなく、父ゼウスの頭部からじかに生まれました。アテナが女性にしろそうでないにしろ、男性の理想とする世界を体現しているようなものです——女性が自分の地位を確立できないどころか、いなくてもすむ世界。

　私が言いたいのは、シンプルながらとても重要なことです。西欧の歴史を振り返ると、有史最古の時点ですでに、現実でも、文化的にも、空想の世界でも、女性と権力は完全に切り離されていたのです。そして、女神アテナの衣装の一アイテムが、このことを現代にも突きつけています。アテナの肖像を見ると、彼女が身につけている鎧の胸当ての中央に、必ずと言っていいほど、髪の代わりに蛇が

21・前六世紀の古代アテナイの壺には、まわりで神々が見守るなか、アテナがゼウスの頭部から誕生するという、かなり奇抜な出産シーンが描かれている。一見どうかしていると思えるこのギリシア神話には、重要な、でもあまり愉快とは言えない意識が隠されている——すべてが完全な世界では、女性は生殖上も不要になる。

のたくる女性の頭像が留め付けられています。ギリシア神話に登場するゴルゴン三姉妹のひとり、メドゥーサの首です。それは、女がパワーを持ったときの破壊的な危険性を男が征圧するという、古代社会で最も強力なシンボルのひとつでした。切断された彼女の首が、この明らかに非女性的な女神の胸を堂々と飾っているのは、もちろん偶然ではありません。

メドゥーサの神話には数多くのバリエーションがあります。よく知られているものをひとつ挙げましょう。美しいメドゥーサを海神ポセイドンがアテナの神殿で犯し、怒ったアテナは聖所を穢した罰として、彼女を（彼女を罰したというところに注目）、その顔を見た者すべてを石にしてしまう恐ろしい怪物に変身させます。やがてメドゥーサを退治することになった英雄ペルセウスは、彼女の顔を直接見ずにすむよう光り輝く盾を鏡として使って、首を切り落とします。当初は、死んだあとでさえ人を石に変える力を持っていたその首をペルセウス自身が武器として使っていましたが、のちにアテナに贈呈し、アテナはそれを鎧に取り付けたのです（ここには、女神の顔をじかに見ないように注意しろ、というメッセージも込められて

22・英雄の勝利の瞬間？それともサディスティックなミソジニー？ベンヴェヌート・チェッリーニによるこの彫像で、ペルセウスは切断したメドゥーサの首を高々と掲げ、さらにはその遺体を踏みつけにしている。すぐ後ろにある別の彫像との組み合わせが絶妙だ。こちらでは、ギリシアの英雄アキレウスがトロイアの王女を無理やり拉致しようとしている。

います）。

フロイトの解釈を聞くまでもなく、メドゥーサの頭で絡み合う蛇は、男根が象徴する権力を求めるメタファーだとわかります。つまりこれは、女が不正に手にしたパワーを男が力ずくで取り返す、古典的な神話なのです。西欧の文学、文化、アートは、このモチーフをくり返し取りあげて、パワーを持つ女を男が成敗する図式を表現してきました。血の滴るメドゥーサの首は近代の名作でよく目にしますが、本来誰も見てはならないものをなぜアーティストは描こうとするのか、正直不思議になります。一五九八年、カラヴァッジョはメドゥーサをすばらしい作品に仕上げました。恐怖の雄叫びをあげ、血が噴き出し、蛇が依然のたくっているその生首は、自画像だと言われています。その数十年前には、ベンヴェヌート・チェッリーニがペルセウスの巨大なブロンズ像を作り、それは今もフィレンツェのシニョリーア広場にそびえています。英雄はメドゥーサの切り刻まれた遺体を踏みつけにして、宙に生首を掲げ、その首からはどろどろとした血や何かが流れ落ちています。

驚くのは、この生首のモチーフがいまだに女性のパワーを貶める文化的シンボルになっている点です。アンゲラ・メルケルの顔は、カラヴァッジョのメドゥーサに何度も画像合成されました。こういうくだらない引用は引きも切らず、たとえばテリーザ・メイは、内務大臣だった当時、警察連盟の広報誌のコラムの中で、「メイデンヘッド［イングランド南東部の町で、テリーザ・メイの選挙区の中心地］のメドゥーサ」と呼ばれました。これに対して『デイリー・エクスプレス』紙は「メドゥーサになぞらえるのは少々ひどすぎる」と反応しました。「ミセス・メイが髪の手入れを怠らないことをわれわれはよく知っている」。また、二〇一七年の労働党大会で出まわったある漫画には、蛇やら何やらを完備した〝メイドゥーサ〟が描かれました。でも、ブラジル大統領だった当時のジルマ・ルセフと比べたら、たいしたことはないでしょう。なにしろ、運悪くサンパウロでカラヴァッジョの大展覧会が開かれたのですから。当然ながらメドゥーサの絵も展示され、その前に立つ彼女の姿は、報道陣にとって絶好のシャッターチャンスとなったわけです。

とはいえ、やたらとメドゥーサのモチーフの標的となり、しかも相当ひどい意地悪をされたのは、やはりヒラリー・クリントンでしょう。トランプ大統領の支持者たちは頭に蛇をのたくらせた彼女の画像を山ほど作りましたが、中でも記憶に残ったぞっとするようなイメージは、チェッリーニのブロンズ像を利用したものでした。生首しか描かれていないカラヴァッジョの絵より、こちらのほうがはるかに目的に合致していたのです——そこには彼女を殺した、敵対する男性ヒーローもいるのですから。あとはペルセウスの顔にトランプを、切断された首にクリントンの顔を合成すればできあがり（ペルセウスが踏みつけにしている切り刻まれた死体は、さすがに悪趣味なので省略されたようです）。インターネットの暗闇を這いまわれば、オバマの不快な画像も見つかりますが、人目につかない本当に暗い片隅まで足を延ばす必要があります。また、アメリカのテレビ風刺番組にトランプ自身の作りものの生首が登場したことがありますが、その結果、当の（女性）コメディアンは仕事を失いました。それに引き換え、メドゥーサ／クリントンの血が滴る生首を振りかざすペルセウス／トランプは当たり前に装飾モチーフとなり、

23・(上)カラヴァッジョのメドゥーサの首像は、女性政治家の〝首を切断する〟のにくり返し利用されてきた。ここではアンゲラ・メルケルとヒラリー・クリントンがメドゥーサ化されている。

24・(下)不気味なお土産?二〇一六年アメリカ大統領選において、ドナルド・トランプの支持者たちは、敵陣営を揶揄したければ、古典的イメージの中にいくらでもモチーフがあった。中でも、ペルセウスとなったトランプがメドゥーサのヒラリー・クリントンの生首を掲げるイメージは印象的だった。

アメリカ国内のあらゆる場所で日常的に見かけられました。これを絵柄にしたTシャツやタンクトップ、コーヒーマグ、PCケースやトートバッグ（〝TRIUMPH［勝利］〟や〝TRUMP［頼れる男］〟やらというロゴ入りのものもある）を買おうと思えばいつでも買えました。確かに、性差を背景とした暴力がこんなにも常態化しているという事実を、すぐには受け入れ難いかもしれません。でももし、女性を権力から切り離す文化があると言われて疑問に感じたり、今もそれが古典の力で可視化され、正当化されているなんて信じられないと思う人には、このトランプとクリントン、ペルセウスとメドゥーサの例を見せれば、もう私が何か言う必要はないでしょう。

もちろん、現実的な対策に言及しないまま発言を終えるわけにはいきません。どうやったら女性を権力の内部に再配置できるのか？　おそらく、個々人の事情と、もっと一般に女性が共有する問題とを、分けて考える必要があるでしょう。実際に〝成功した〟女性たちを見てみると、単に男性の流儀を猿真似することだ

25・マーガレット・サッチャーが、閣僚のひとりだった不運なケネス・ベイカーを〃ハンドバッグする〃の図。

けが戦略ではないとわかります。そうした女性たちの共通点をひとつ挙げるとすれば、普通は女性を馬鹿にするのに使われるたぐいのシンボルを、むしろ自分の武器に変えてしまうことです。マーガレット・サッチャーはハンドバッグでこれをやってのけました。典型的な女性用装身具が、「ハンドバッグする」というように政治権力を表す動詞にさえなったのです。それとは比べものにならないくらい小規模な話ですが、学者としての仕事について初めてインタビューを受けたとき（折しもサッチャー全盛期でした）、私も似たようなことをしました。わざわざその日のために青いタイツを買ったのです。いつもはそんな色は選ばないのですが、それが伝えるメッセージに満足していました。「あなたがたインタビュアーが私のことを、この〝青踏《ブルーストッキング》〟［十八世紀半ば、ロンドンの文芸愛好家のサロンで、ある婦人が青い靴下を履いていたことから、（嫌味な）インテリ女性のこと」めとお考えになるとしても、そんなことは先刻お見通しだし、こうして先取りいたしました」

　テリーザ・メイについては、今はまだ何かを断定するのは早すぎますが、結局失敗するために権力の座に就かされ、座らされ続けた女性だった、といつの日か回想することになりそうな気がしてなりません（ここでアガメムノンの妻クリュタイムネストラと比べたりしないように、必死に自制しているところです）。ただ、彼女の〝靴へのこだわり〟とあのキトゥンヒールは、男たちのテンプレートにひとまとめにされるものか、という彼女なりの闘い方なのではないかと思っています。それに、サッチャー同様、トーリー党の流れを汲む伝統主義の男たちだらけの保守党本部の中で、むしろ弱点を逆手にとって利用しています。大学社交クラブの一員ではないこと、〝仲間のひとり〟ではないおかげで、ときに独自のテリトリーを築きあげ、排除から力と自由を手に入れたのです。それにメイは〝マンスプレイニング［男から女への偉そうな説明］〟嫌いで有名です。

こうした戦略は、多くの女性たちがとり入れられるはずです。でも、私がずっと取り組もうとしてきた大きな問題は、現状をうまく利用する知恵袋ぐらいではとても解決できません。徐々に改善されていくことは間違いないですが、それまで我慢する、ではやはり答えにならないでしょう。実際、英国の女性が選挙権を獲得したのはわずか百年前だということを考えれば、女も男もなく、誰もがこれまでに成し遂げた革命を祝福すべきでしょう。とはいえ、私の仮説どおり、女性の権力からの除外が文化に構造的に根付いているのだとすれば、漸進的な進歩を待っていたら時間がかかりすぎる――少なくとも私にはそう思えるのです。権力とは何か、何のためのものか、その大小をどうやって測るべきか、そういうところから考えていかなければならない。別の言い方をすれば、女性が権力構造に完全には入り込めないのなら、女性ではなく、権力のほうを定義し直すべきなのです。

権力について考えるうえで、ここまで私は、国内外の政治や政治家、それに加えてCEOや有名ジャーナリスト、テレビ界の有名人など、いわゆるエリートに注目するという、この手の議論における一般的な手法をとってきました。でも、権力とは何かと考えたとき、これでは広くおおやけに権威を持つ（場合によっては広く反感を持たれる）かどうかという、きわめて狭義のものにしかなりません。伝統的な意味でのまさに〝上流〟であり、〝ガラスの天井〟のイメージと切り離せない権力モデル。女性を事実上、権力の外側に位置づけると同時に、男たちの偏見のせいで阻まれてはいるけれどあとほんの少しで頂上に手が届く、すでに成功したスーパーウーマンとしての女性パイオニア像を想像させます。たいていの女性たち、つまり合衆国大統領や企業トップをめざしているわけではないが、自分なりのパワーは正当に欲しいと感じているような女性たちは、この権力モデルには共感を持たないでしょう。そして、二〇一六年に合衆国の相当数の有権者たちにアピールしなかったことも確かです。

たとえ国政を動かすようなトップレベルの人々だけに注目するとしても、女性の成功を何で判断するかという問題に答えを出すのは、やはり難しいのです。国会議員に占める女性の割合の国別番付をよく目にします。一位は、国会議員のじつに六割以上が女性であるルワンダで、約三割程度である英国は五十位ほど下位に落ちます。驚くのは、サウジアラビアの立法府である諮問評議会のほうが、合衆国議会より女性の割合が多いことです。この数値を嘆き、他国の状況を褒め称えたくなるのは当然ですし、内戦後のルワンダでは、女性の地位向上のために多くの努力が注がれてきたのでしょう。でも、場所によっては、国会議員に女性が多いのは、すなわち権力の存在する場所が国会ではないということではないか、と思うのです。

また、何のために女性を国会に送りたいのかということを、私たちはあまり明確にしてこなかったのではないでしょうか。女性議員は女性関連問題（たとえば子育て、男女同一賃金、DVなど）の立法に関わる傾向が強いと指摘する研究結果が数多くあります。英国の女性解放団体〈フォーセット協会〉の最近の報告によれば、ウェールズ議会では議員数の男女比率が半々だが、そのことと議会で〝女性関連問題〟が取りあげられる回数が多いこととのあいだには相関性がある、といいます。子育てその他の問題をきちんと世間に訴えることは大事ですが、それを〝女性関連問題〟という枠組みに押し込め続けるのは疑問です。また、私たちができるだけ多くの女性を国会に送りたいと思うのは、そういう問題の解決がおもな理由ではなく、もっと原則的かつ全般的な議論のためです。社会が無意識のうちに役割分担を押しつけて、女性がそうした議論から除外されているのだとすれば、はなはだ不当なことですし、問題が科学技術にしろ経済にしろ福祉にしろ、女性の専門家を入れずに考えるなんて今では単純に無理でしょう。それで男性議員の数が減ったとしても仕方がないことですし（社会変革が起きるときには、勝者もいれば敗者もいるものです）、噛みついてくる男性諸氏とは正面から向き合うつもりです。

しかしこれでは依然として、パワーをエリートのためのものとして扱っていることになります。おおやけに権威を持つこと、いわゆるリーダーシップという個人のカリスマ性、そして必然ではありませんが、しばしばセレブであることが条件です。そして権力を、ごく一部の人々（大部分は男性）だけが持ったり振るったりできる所有物（剣を振りかざすペルセウスやトランプのイメージにまさに集約されます）という、狭い意味合いに押し込めています。こういう考え方をするかぎり、（一部の個人ではなく）ジェンダーとしての女性は、その定義として、権力から除外され続けます。男性ジェンダーのものとすでに記号化された構造に女性を当てはめるのは簡単ではありません。だから構造を変えなければなりません。つまり、権力をもっと別のものと考えるのです。おおやけの威光から切り離す。リーダーだけのものではなく、フォロワーたちが団結すればそこにもパワーは生まれると想定する。そして何より、パワーは所有物ではなく、そこに備わる属性であり、動詞（「パワーする」）でさえあると考える。私の頭にあるのは、影響力を持ち、世の中を変えることができる力、個人だけでなく女性たち全体の言葉を軽視させない権利です。そういう意味のパワーこそ、多くの女性たちが、自分にはない、ぜひ欲しいと思っているものではないでしょうか。〝マンスプレイニング〟という言葉がなぜよく使われるのか（男性の多くはこの言葉を毛嫌いしているというのに）？〝自分の言葉が軽視されている〟という感覚をずばり言い当てる、女性たちにとっては核心を突く表現だからでしょう。私がツイッターで古代ローマ史についてレクチャーされるときの気分と、まあちょっと重なるわけです。

パワーとは何か、それで何ができるか、女性がそれにどう取り組むか——こうして考え方を変えれば、いい方向に向かうと期待していいのでしょうか？ たぶん、少しは。この数年間で最も影響力のあった政治運動のひとつ、〈ブラック・ライヴズ・マター〉運動〔二〇一三年の白人警官による黒人少年射殺事件をきっかけに、

26・社会を変えるのに有名人である必要などいっさいない。〈ブラック・ライヴズ・マター〉運動を始めた三人の女性、アリシア・ガーザ、パトリッセ・カラーズ、オパール・トメティの名前を知る人はほとんどいないだろう。

アフリカ系アメリカ人のコミュニティによってSNSを通じて広まった人種差別撤廃運動」を始めたのは三人の女性だと知ったとき、正直驚きました。三人の名前を見ても知っている人はほとんどいないと思いますが、団結したことがパワーを生み、普通とは違う形で世間を動かしたのです。

でも、全体的には、状況はそう明るくありません。女性を権力から遠ざける古典的な物語を覆すとか、あるいはサッチャーがハンドバッグを利用したように、そうした物語をかえって私たちの強みに変えてしまうとか、そういうレベルには近づいてもいません。私でさえ、学者としての立場から、『女の平和』がまるでガールパワーの物語であるかのように演じられることに反対し続けています――じつは今こそそういうふうに上演すべきなのでしょうけれど。そして、この五十年ほど、メドゥーサを女性パワーの象徴にしようというフェミニスト運動が続けられてきたことはよく知られていますが（たとえば、最近出版されたある評論集の題名は「メドゥーサを笑おう」ならぬ『メドゥーサと笑おう』だし、ヴェルサーチのロゴマークにメドゥーサの顔が使われていることは言うまでもありません）、今も相変わらず女性

27・『ウィズ・ハー・イン・アウアランド』の最近の版の表紙は、ハーランドの女性たちも、ともすれば男社会に馴らされてしまう、とほのめかしている。

政治家を攻撃する手段として利用されています。

こうした伝統的な物語の根強い影響力を、パーキンス・ギルマンが運命論的にではあるものの、とてもうまくとらえています。じつはギルマンは『フェミニジア』の続篇として、『ウィズ・ハー・イン・アウアランド（われらが国で彼女とともに With Her in Ourland）』という作品を発表しているのです。そこで前作の語り手ヴァンディックは、国に帰りたいというテリーに付き添うのですが、妻に迎えたエラダーという女性も同行させることにします。実際のところ、アウアランドはあまり住みよい場所には見えません。折しも第一次世界大戦の真っただ中だったのですからなおさらです。結局、夫婦はテリーだけをそこに残して、早々にハーランドに戻ることにします。その頃にはエラダーは妊娠し、すでにお察しかもしれませんが、物語はこんな文章で締めくくられます。「やがて私たちのあいだに、息子が誕生しました」。パーキンス・ギルマンは、この小説の続きはもう必要ないと気づいていたにちがいありません。西欧文化の伝統的な論理展開に通じている読者なら、五十年後にハーランドを誰が牛耳っているか予想がつくでしょう――もちろんその男の子です。

あとがき　講演を本にすること――そして、失敗する権利について

講演でしゃべった内容を半永久的に形が残る印刷媒体にするのは、難しいものです。どれくらい客観的になり、再考し、議論を洗練させるか？　実際に講演をしたときの感覚や、たとえば荒削りなところなども、どの程度まで活かすか？　いろいろと考えた末、結局、アップデートはごく簡単にすませるという選択をしました。第一部を構成している二〇一四年の講演のときにはバラク・オバマがまだ大統領でしたし、二〇一七年五月に第二部の講演をしたとき、テリーザ・メイの首相としての立場は今とは違ったものに見えました（そして、彼女は「失敗するために」権力の座に就かされたと何気なく書きました――実際に講演でそう話しまし

た――が、このコメントは思った以上に先見性があったようです）。でも、思いきって内容をがらりと変え、新しいテーマを加えたり、このときはぼんやりと浮遊しているにすぎなかったアイデアをもっと発展させたりする誘惑に、懸命に抵抗しました。ごく一部の人々を除き、ほとんどの女性には手の届かない〝権力〟の概念を、具体的にどうしたら再構築できるのか、いつかもっと真剣に考えてみたいと思っています。そして、小学校から大学まで、さらにはビジネス界や政府に至るまで、組織が成功する鍵と今では考えられている（一般には男性による）〝リーダーシップ〟というものについても分析するつもりです。でも、それはまた別の機会に。

ここで私が論じてきたような女性への嫌がらせの最近の例を知りたければ、ネット上にいくらでも見つかります。奇怪な怪物トロールはけっして想像上のものでも単なるイメージでもなく、たとえばツイッター上で寄ってたかって誰かを叩くツイートストームなどは、まさに化け物そのものです。でも、たまには天使も現れます。そして、たとえばこんなとてもわかりやすい対比を見せてくれるのです。二〇一七年夏のイギリス総選挙の最中および直後におこなわれた二つのラジオインタビューのことで、私は心底ショックを受けました。ひとつは労働党国会議員ダイアン・アボット、もうひとつは保守党国会議員ボリス・ジョンソン［二〇一九年七月二十四日に英国首相に就任］に対するもので、どちらも二人を窮地に陥れました。アボットは、警官採用コストに関する自党の政策方針を話したとき、計算すると新人警官ひとりに支払う給与が年間約八ポンドとなるような、誤った数値を持ち出すという大失態を演じました。またジョンソンも、新政府の主要コミットメントのいくつかを知らなかったことが露呈し、同じように大恥をかきました。刑事司法制度における人種差別や高等教育の機会均等について、党がどんな方針を打ち出していたか、まったく承知していなかったらしいのです。この〝交通事故〟の原因自体はそう大きな問題ではありません（このときアボットの体調が悪かったことは確かです）。ネット上にしろどこにしろ、二人に対する世間の反応の違いに本当に驚かされたのです。

アボットは即座に集中攻撃にさらされ、「脳ナシ」「デブの馬鹿」「まぬけのぼんくら」みたいな揶揄が飛び交い、最悪なことに、その合間に人種差別的な言葉までばらばらと投げ込まれました（彼女は英国で最も長く議席を守り続けている黒人国会議員です）。彼らのメッセージを品よく解釈すれば、アボットには国会議員を務める資格がない、と言いたいのでしょう。ジョンソンにも批判の声がたっぷり寄せられましたが、まったくスタイルが違いました。彼のインタビューはむしろ、若気の至りの一例のように受け取られたのです。現状の把握に努め、大声で怒鳴り散らすのをやめ、おのれの職務に集中し、もっとすぐれた政治家になれ。言い換えれば、次回はもっとうまくやれ、ということです。一方、アボットの攻撃者たちの目的は、彼女の〝次回〟を確実につぶすことでした（結局、アボットは前回よりはるかに得票数を伸ばして再選し、彼らの野望のほうがつぶされました)。

みなさんがアボットとジョンソンに対してどんな意見を持つにしろ、興味深いのは、ここにさまざまなダブルスタンダードが浮き彫りになっているという点です。女性のほうが成功するのが難しいということだけではありません。失敗すると、はるかに厳しい扱いを受けるのです。ヒラリー・クリントンと例の電子メールのことを思い出してください。この本を一から書き直すとしたら、女性の〝失敗する権利〟を(いつもではないにしても)もっと守ろうという主張に、もう少しスペースを割きたいと思います。

古典の中にここで引き合いに出せるような事例があるかどうか、正直なところわかりません。幸い、現代の私たちがしたり考えたりすることすべてが、古代ギリシアや古代ローマから直接的あるいは間接的に伝わってきたわけではありません。単純に古代の歴史が教訓になることなどない、と私は事あるごとに主張してきました。古代ローマが西アジア地域で犯した失策の例などなくても、現代の西欧諸国によるアフガニスタンやイラクへの軍事侵攻が間違いだということはわかったはずなのです。西ローマ帝国の〝崩壊〟の顚末を学んでも、現代地政学で見る諸国の浮き沈みについては、ほとんど何も教えてはくれません。とはいえ、ギリシア・ローマ世界をじっくり見据えれば、私たち自身をじっくり見据えることになり、今の自分たちがなぜそういう行動をとるようになったのか理解する一助になるでしょう。

ホメロスの『オデュッセイア』に注目すべき理由はたくさんありますが、現代西欧社会にはびこるミソジニーの源泉として調べるだけでは、あまりにももったいないでしょう。この叙事詩は、さまざまなテーマの中でも、とくに文明と〝野蛮〟、帰郷と貞節と帰属意識の本質について語っています。とはいえ、本書で私が明らかにしようとしたように、母ペネロペイアが人前で何か言おうとしたときにテレマコスが叱責した、この出来事は、二十一世紀になった今でも頻繁すぎるほどくり返されていることなのです。

本から#MeTooへ——そして、レイプに関する考察

この直前の数ページが初版のあとがきで、そこで本書は締めくくられ、印刷所にまわされました。それは二〇一七年九月の末で、#MeTooが世界一有名なハッシュタグとなり、〃ハーヴェイ・ワインスタイン〃という名前が、成功した映画プロデューサー以外の意味合いを持つ前のことでした。そして、書店に並ぶ頃には、レイプやセクシャル・ハラスメントの問題がこれまでになくおおやけに、そして真剣に話し合われるようになっていました。

それから一年が経ち、本書のソフトカバー版のあとがきを書こうとしていたところで、またある出来事が起きました。ブレット・カヴァノー

判事が連邦最高裁判事に指名されようとしていたとき、大学教授のクリスティン・ブラジー・フォード氏が、かつて判事に性的暴行を受けたことを上院司法委員会で証言したのです。人の心を揺さぶる、力強い訴えでした。この文章を書いている今は、カヴァノー判事が実際に指名されるかどうか、まだわかりません［その後調査がおこなわれたが、二〇一八年十月に指名が承認され、就任］。そして、MeToo運動の影響が長期的に見てもっと広がりを見せるのかどうかも、今の時点では判断できません。私自身は、楽観的な気持ちと悲観的なあきらめのあいだで揺れ動いています。二〇一七年の秋をセックス社会革命の出発点として、人々が振り返る日が来ることを心から願っています。MeToo運動の精神が広がれば、プロデューサーの自室ソファーに呼ばれた新人女優の奉仕からオフィスのコピー機の陰でのまさぐりまで、この手のハラスメントに、ニューヨークでもナイロビでも女性たちはもう黙っていないでしょう。同じように重要なのは、これが男たちの目を覚まさせるモーニングコールにもなってくれるのではないか、ということです。もちろん、目覚めていないのは一部の男たち、なのですが。大多数の男性は、女性たちと同様、さまざまな申し立てを聞いてぞっとしているのです。不本意なセックスと引き換えにご褒美を授けるのをやめさせ、開けたくもない口に舌を無理やり突っ込むのをやめさせ、セックスを役得とするのをやめさせる、文化革命になるかもしれません。

でも、ハッシュタグを実際の行動に変換するのは、想像以上に難しいことかもしれません。いつになく暗い気分のときは、将来を慮って不安になります。いつかMeToo運動を振り返って、あれは輝かしい変化の兆しだったけれど、以前とまったく同じ状態ではないにしろ、結局本当の意味では何も変わらなかった、と思うのではないか。連中が金に糸目をつけずに雇った高名な弁護士たちが、次々に無罪やそれに近い判決を勝ち取っていくのを目の当たりにしそうだ、ということだけではありません（金持ちが罪を免れる、司法制度に泥を塗る判例が世界じゅうにあふれていると知るにつけ、もっとフェアで適切な裁判手続きをおこなう必要があると、私は声を大にして訴えたいし、けっしてあきらめたくありません）。

そのうえＭｅＴｏｏ運動は、いくつかの面で、本書の中の私の主張とあまりにも重なるのです。私は、レイプ犯をタペストリーに織り込んで告発しようとしたピロメラの話にさかのぼり、女性たちはしばしば、女性だから受けたひどい扱いやハラスメントについて訴えるときはとくに、小さな声をあげることしか許されてこなかったと示そうとしました。ＭｅＴｏｏ運動にかぎっては、ほぼ地球全体に伝わる大きな声になって喜ばしく思うのですが、それでも結局、＃ＭｅＴｏｏに声がカテゴライズされるだけです。さらに焦点を絞ると、女性を苦しめてきたハラスメントの根本的原因（これまで大勢の女性たちが黙らされてきた根本的原因）は、権力構造そのものにあると指摘しました。だとすれば、この構造を変えるしか有効な解決策はありません。ハリウッドの大作映画の女性監督が十パーセントにも満たない（二〇一七年のデータより）とすれば、映画業界での成功に続く門で番をするのはやはり男たちであり、そこにはびこるセックス文化に異を唱える女性たちの声は、たとえ今現在とても大きくなっているとしても、やがて抑えつけられる可能性が高いでしょう。

この一年間、みずから声をあげた女性たちの勇気に拍手喝采を送り続け、自分でも、レイプと同意の問題、それが『舌を抜かれる女たち』で取り上げた、自分の言葉で話をするというテーマとどう関わっているかということに、もっと真摯に向き合わざるをえなくなっていました。私はこの二部構成の文章を通じて、女性を勝手に定義し、黙らせ、傷つけようとする風潮について考えるとき、西欧文化に何千年も前から深く刻み込まれていた物語（テレマコスによる母ペネロペイアの叱責にしろ、メドゥーサの斬首にしろ）に目を向けることがいかに重要か、示そうとしてきました。そして、出来事を自分の口で語ることを女性たちがどれだけ制限されてきたか（ピロメラしかり、シェイクスピアの『タイタス・アンドロニカス』のラヴィニアしかり）についても、明らかにしようとしました。今、

MeToo運動に照らして、人にされたこと、自分がしたことについて、私たちが何をどう語るか、もっと突きつめて考えてみたのです。ほんの一瞬の体験が、政治的に、世間的に、あるいは個人的に、長く消えない重要性を持つ物語にどうやって変化するのか？　私は否応なく、自分の過去に立ち戻らないわけにいかなくなりました。一九七八年、私はミラノからローマに向かう夜行列車の中でレイプされました。でも私の人生の中で、その出来事の位置づけがさまざまに変化していったのです。

出来事のあらましはとてもシンプルです。当時博士課程に籍を置いていた私は、イタリアで数カ月間調査をする予定でしたが、最終目的地であるローマに到着する直前に、列車の乗り換えのためにミラノに立ち寄らなければならなくなりました。ひとりではそう簡単に持ちきれないほどの荷物を抱え、とても疲れていたのですが、乗り継ぎの列車を待つあいだ、駅のバーでまだおぼつかないイタリア語の練習をしようと張りきっていました。結局、ナポリ郊外のビスケット工場の設計をしている建築家だという男とおしゃべりをするに至りました。私が疲れていることを見て取ると、男は私の切符を手にし、寝台車を予約してきてあげるよと言いました（私は普通の座席しか取っていなかったのです）。そして新しい切符を持って戻ると、私のスーツケースやバックパックを列車に積み込むのを手伝ってくれました。

今振り返ってみると予想できたことですが、そのときはぼうっとしていて相手の企みに気づかなかったのです。蓋を開けてみれば、男が買ったのは寝台が二つあるコンパートメントの一等車（当時としては特別贅沢な寝台車）の切符でした。中に入るや、男は私の服を剝ぎ取って事におよび、そのあと上の寝台にさっさと上がってしまいました。ローマの少し手前で目覚めたとき、男がまたしても私の上にのっていて、その後私を客室乗務員に引き渡すと姿を消しました。乗務員は私にコーヒーを出し、ローマ駅のホームで降ろしました。

私はそのあいだずっと、悲鳴もあげず、逃げもせず、抵抗もしませんでした。疲れていたせいもあるし、自分を安全に保護してくれそうな人や場所が見当たらなかったせいもあります。やる気のなさそうな客室乗務員ではまったく頼りになりませんでした。とにかくすべてを早く終わらせたかったのです。それに、大事な論文やノートを別々のスーツケースに分けて入れてしまった（「リスクは分散させろ」という原則を変なところで信じたせいです）ため、何カ月もかけた研究の成果を見捨てないかぎり、そこから走って逃げることなどできそうにありませんでした。ローマに到着したとき、警察には届けませんでした。届けてもどうせどうにもならないと、直感したからです（たぶんそのとおりだっただろうと今も思います）。そもそも、抵抗したことを証明する痣《あざ》ひとつなかったのですから。それに、この出来事がひどいトラウマになったとも言いきれませんでした。運がよかったのです。今までイタリアの列車も、深夜の駅も、怖くて近づけないと思ったことはありません。イタリア製のビスケットさえべつに嫌いじゃない（自分でもこのジョークによくくすりと笑ってしまったものです）。レイプ被害者のトラウマ反応はこんなものではありません。でも怒りは感じていたし、それは今も変わりません。「合意」という言葉をどんなに好意的に解釈したとしても、あの行為にいっさい合意はありませんでした（二度目のときは、幸い私は眠っていました）。

二十年後、強制的性行為は進化生物学を通じて理解すべきだ（オスが生殖機会をできるだけ増やそうとする方法のひとつ……！）と論じる新刊書に触発されて、あの出来事を振り返り、『ロンドン・レヴュー・オブ・ブックス』誌にエッセーを書きました。ことこの議論について私が批評しようと考えたとき、自分自身の経験が背景にあったことは間違いなく、この二十年間、例の出来事について考え続けたことを公表するいい機会だと思ったのです。それまでに、私は自分自身に、そしてまわりの人たちに、何度もくり返しこの話をしてきましたが、そのときどきで語り方が違っていたことにとくに興味がありました。私が話し終えたとき、ある人は、動詞の受身形ばかり使っていることからして、あなたは完全に無力だった、だからやっぱりレイプよ、と指摘しました。でも同時に、それとはまるっきり異なるバージョンを信じ、語ることもできたのです。二〇〇〇年に、私はこんなふうに書きました。

いくつか存在するバージョンの最初のひとつは、予想はできることだが、〝レイプ〟を〝誘惑〟にするりと移行させるものだった。駅のバーでどんな話をしたにせよ、結局〝言いくるめられた〟、つまりは、こちらにも選択の余地があった、というわけだ。実際、ローマに到着したあと友人たちに回りくどく話したときに選んだ最初のバージョンは、それにあたった。「ミラノで引っかけられて、結局その男と列車の中で寝るはめになったの」とぼやいたのだ。〝レイプ〟という言葉はけっして使わなかった。しかしじつは、この出来事全体を、自分のセックス史の中でもかなり強いこちらの意志でおこなった一例として、理解しようとしたこともある。まったく見ず知らずの相手との、感情いっさい抜きのセックス。旅の途中でしか起こりえない、贅沢な寝台車というどこかエキゾチックな（少なくとも何かの映画で観たような）ロケーションでの出来事。このバージョンでは、誘惑したのは私のほう（無意識だったとはいえ）。勝利したのは私なのだ。

さらに二十年近い年月が経過し、性にまつわる環境も大きく変化した今、このときの自分で自分を勇気づけるような語り口を誇らしく思うと同時に、恥ずかしくもなります。レイプのパターンについてあれこれ記事を読めば読むほど、あの〝ビスケット工場の男〟は常習犯だったと思えてなりません。あれが、たまたま出会った相手と一夜の情事を楽しむ行為だったわけがないし、ましてや私に一目惚れなんてありえません。切符の交換がやけに手慣れていたこと、客室乗務員とも妙に親しげだったことからして、あれが初めてではなく、おそらく最後でもなかったはずだと推察できます。では、男のほうは自分に、あるいはもしかすると友人たちに、あの出来事をどう話すのだろうとも思い始めました。あんな卑しい行為を、私自身ときどきそうしたように、〝熱く情熱的な〟一夜の情事だったかのように脚色するのでしょうか？　あの朝ナポリに到着したとき、多少気は咎めたものの、おおむね満足していた？　あるいは振り返りもしなかった？　自分がレイプ魔として登場する私の話に気づくでしょうか？

　この一年のあいだ、ＭｅＴｏｏ運動の流れの中で報告された男たちの行動についても、同じような疑問を持っています。訴えが事実だとすれば、彼らは自分がしたことについて自分自身にどう説明しているのか？　午前中のわずか十分間、女性をホテルのスイートルームの浴室に押し込めて手早く襲ったとして、帰宅したとき、彼女に対してはもちろんのこと、自分自身についてどう感じるのか？　もちろん、ジントニックを片手にソファーでくつろぎ、勝利と成功にうっとりしているだけの連中もいるでしょう。でも、おのれの浅ましさや残酷さになかなか向き合えず、自分に都合のいいように出来事を頭の中で再加工する人のほうがはるかに多いのではないでしょうか。「相手のセックスアピールに負けた」バージョンから、「彼女のほうがやりたがってた」だから「流れに乗っかっただけ」バージョンまで。

だからこそ、今非難されている男たちの話をもっと注意深く聞く必要があるのです。彼らに弁明の機会を与えるべきだと言う気はこれっぽっちもありません。それで被害者の声がかき消されていいわけがないのです（ミス・トリッグスの面影がちらちら浮かびますね）。彼らへの糾弾を緩めようとはいっさい思いません。でも、彼らのバージョンをきちんと聞いておかないと、それに対抗することはできないし、その言い分の根拠となっている搾取の図式や腐ったヒエラルキーを明らかにできません。MeToo運動におけるパワーにはいろいろな意味があります。女性たちが強くなって、怖がらずに自分の主張を口にし、押し通すパワーでもありますが、男たちがアリバイとしてきた、そう、彼らの多くがおそらく本気で信じている物語に挑み、変えていくパワーも意味します。私たちの目的は、罪びとに罰を与えることだけではありません。むしろ、男たちに都合のいいそんな物語は、それを聞かされるこちらにとっても、彼ら自身にとってさえも、もはや説得力はないとはっきりさせることなのです。今後を考えれば、後者の目的のほうが重要でしょう。

今こそきっぱり言いましょう、「彼女はちっともやりたがってなどなかった！」

二〇一八年九月

謝辞

本書のもととなった講演のテーマを最初に考えつき、二〇一四年と二〇一七年に大英博物館での『ロンドン《Ｌ》・レヴュー《Ｒ》・オブ・ブックス《Ｂ》』講演シリーズとして私に依頼してくれたのは、『ＬＲＢ』誌編集者で友人のメアリー＝ケイ・ウィルマースです。まずは彼女に、そしてＬＲＢのすべてのスタッフに、また講演をテレビとラジオで放送してくれたＢＢＣに感謝します（ちなみに最初の講演は、私が出演したテレビ番組の中では唯一、作家の故Ａ・Ａ・ギルが気に入ってくれたものです）。出版に際しては、ほかにも多くの方々の助力がありました。いつものように、ピーター・ストサードはみずからの経験を惜しみなく分け与えてくれました（今回は古典と現代政治の両分野について）。カテリーナ・トゥローニは、ふたりがこれとはまったく別のプロジェクトに携わっていたときに、本書の最終段階の原稿と最後の文章について力を貸してくれました。私の家族——ロビン、ゾーイ、ラファエル・コーマック——は、講演の試作原稿を私が何種類も読みあげるのに、延々何週間も辛抱強く我慢してくれました（それに、『フェミニジア』を読むように最初に勧めてくれたのはロビンでした）。デビー・ホイトテイカーはなくてはならない人でしたし、ペニー・ダニエル、アンドリュー・フランクリン、ヴァレンティナ・ザンカら、プロファイル社のみなさんはいつものように寛大で有能で、我慢強く私に付き合ってくれました。一九八〇年代初め、私はクロエ・チャードと一緒に、大学のゼミで女性がめったに発言しないのはなぜかというテーマで原稿を書いたのですが、どの出版社に送っても興味を示してもらえませんでした。ここで取り上げた論点のいくつかは、突きつめれば、あの頃のクロエとのおしゃべりが発端となったのです。

でも本書は誰にも増して、ケンブリッジ大学ニューナム・カレッジ古典学部のかつての同僚で、現カリフォルニア大学サンタ・バーバラ校教授のヘレン・モラレスに負うところが大きいのです。私たちは、大西洋越しの長電話で、古典その他の分野における女性のパワーと声という問題について、あれこれ話をしました。彼女から示唆を受けたことは数多くありますが、中でもメドゥーサ像の話に私を導いてくれたのは彼女です。本書を彼女に捧げます。

訳者あとがき

著者が言う〈ミス・トリッグス問題〉――女性の声や発言がなにかと軽視される現象――は、近年とみに注目されている。本書を訳すに際して、女性の権利を扱った書籍をあれこれ探したのだが、さまざまな形で沈黙を強いられてきた女たちに言葉を取り戻そうという主張は、日本で翻訳出版されたものだけでも、レベッカ・ソルニット『説教したがる男たち』を筆頭に、イ・ミンギョン『私たちにはことばが必要だ』、小説では、女性は一日に百語以上しゃべってはいけないという法律がまかりとおるディストピアを描いたクリスティーナ・ダルチャー『声の物語』など、テーマとして数多く取り上げられている。確かに、女性なら誰もが「ああ、あれか」と思い当たる節があるのではないだろうか。

本書は、ケンブリッジ大学古典学教授メアリー・ビアードが二〇一四年と二〇一七年におこなった、イギリスの大手文芸誌『ロンドン・レヴュー・オブ・ブックス』主催の講演をコンパクトにまとめたものである。テレビやラジオなど各種メディアでも活躍し、フェミニストとして歯に衣着せぬ言動をとってきたビアードは、「イギリス一有名な古典学者」とも呼ばれる。ここで彼女は、〈ミス・トリッグス問題〉のみなもとは、じつは古代ギリシア・ローマ時代にさかのぼることができるとし、ホメロスの『オデュッセイア』やオウィディウス『変身物語』、ギリシア神話（女神アテナやメドゥーサ）などを読み解くことで、問題の意味や解決の可能性について、独特の切り口から掘り下げていく。講演ということもあってわかりやすく、ときに脱線したりするライブ感もあり（あとがきによれば、著者はあえてそのあたりを残したという）、それでいて知的好奇心をかきたてられる豊かな読書体験が味わえるはずだ。

二〇一四年の講演内容である第一部〈女が発言すること〉では、そもそも古代ギリシア・ローマ時代、「おおやけの場での発言」＝男のアイデンティティであり、人前で話をする女は、すなわち「女ではない」という論理が成り立っていたという驚くべき事実が示される。そうして脈々と、「権威ある発言」と「男の声」が結びつく伝統が受け継がれてきたのである。イギリスの故サッチャー首相が声を低くするボイストレーニングを受けていたというのは、このことを如実に表す例だろう。だから著者は、「権威」とは何か、なぜ低く太い声のほうが「権威がある」と思えるのか、そこに女性を権威から遠ざけようとする文化的・伝統的意図があるのではないか、考え続ける必要があると訴える。

さらに二〇一七年の講演内容がまとめられた第二部〈女がパワーを持つということ〉では、古代ギリシア・ローマ時代の文学や神話に登場する「パワーを持った女」は「世を乱す存在」とされ、徹底して討伐されたことが浮き彫りにされる（現実世界では、女性は自立とは程遠い立場にあった)。その象徴として古来取り上げられ続けてきたモチーフがメドゥーサで、それは現代もなお、たとえばアンゲラ・メルケルやヒラリー・クリントンのような「パワーを持った女性」を揶揄する材料となっている。もし女性をパワーから切り離そうとする圧力があるなら、パワーそのものの意味やそれが存在する場所をいっそ変えてしまおうというのが著者の提案だ。名もない人々の小さな力でも、結集すれば「パワー」になるのである。

そんなふうにして生まれたパワーの実例のひとつが、二〇一七年から一八年にかけて盛り上がったMeToo運動だろう。著者はペーパーバック版のあとがきで、みずからのレイプ体験に触れ、「語ること(ナラティブ)」の大切さを訴えている。自分から語り、人や相手の語りを聴き、団結して対抗するパワーを生むこと。そして何より、運動を一過性のものとせず、継続して問い続けていくこと。それが重要なのだ。

女性のパワーや発言に対する抑圧が太古の昔からいかに文化や伝統に

刻み込まれてきたかを知り、愕然とするのだが、無意味な権威主義には公然と逆らい、「何を着ているかではなく、何を語るかで判断してほしい」と主張するビアードの言葉に、きっと勇気をもらえると思う。

最後になりましたが、「この本の翻訳をしませんか」と声をかけてくださった、晶文社の葛生知栄さんに心からお礼を申しあげます。

二〇一九年十月

宮﨑　真紀

参考文献および読書案内

私が引用した古典文献のすべてについて、現代英語へのすぐれた翻訳が印刷媒体およびオンラインで手に入る。ローブ古典叢書（ハーヴァード大学出版）やPerseus Digital Library (http://www.perseus.tufts.edu/hopper/) を探せば簡単に見つかる。また、ペンギン古典叢書の新訳版も役に立つ。

第一部

ペネロペイアの拒絶はホメロス『オデュッセイア』1, 325-364。アリストパネスの〝笑える〟空想物語は*Ecclesiazousai*（『女の議会』）。イオの話はオウィディウス『変身物語』1, 587-641、エコーの話は『変身物語』3, 339-508。女性が演説をすることについて論じたローマ人編者はワレリウス・マキシムス（『著名言行録』8, 3）。ルクレティアの訴えを収録した最も有名なバージョンはリウィウスの『ローマ建国史』1, 58。ピロメラの話が語られているのは『変身物語』6, 438-619。後二世紀の有識者とはプルタルコスで、女性の声について述べているのは「花嫁と花婿への助言」31（『モラリア』142d）。古代ローマの標語〈ウィル・ボヌス・ディケンディ・ペリトゥス〉は、クインティリアヌスの『弁論家の教育』12, 1を参照のこと。アリストテレスが声の調子の意味について論じたのは『動物発生論』5, 7 (786b-788b) と『人相学』2 (806b)。男たちが女のような声になってしまった共同体の苦悩について論じているのは、ディオン・クリュソストモス『弁論集』33, 38。古典世界における演説性差論や女性の沈黙に関する議論についてもっと知りたい方は、*Making Silence Speak: Women's Voices in Greek Literature and Society*, edited by A. P. M. H. Lardinois and Laura McClure, (Princeton, NJ, 2001) と Maud W. Gleason, *Making Men: Sophists and Self-Presentation in Ancient Rome* (Princeton, NJ. 1995) を参照のこと。

ティルベリーでのエリザベス1世の演説の真偽については長らく議論の的となっている。Susan Frye, 'The Myth of Elizabeth at Tilbury', *Sixteenth-Century Journal* 23 (1992) 95–114 はこの懐疑論についてすぐれた論証をおこなっている（ここには標準的なテキストも含まれている。同テキストは以下でも見られる。http://www.bl.uk/learning/timeline/item102878.html）。ソジャーナ・トゥルースの生涯については、Nell Irvin Painter, *Sojourner Truth: a Life a Symbol* (New York, 1997) で論じられている。彼女のスピーチには複数のバージョンがあり、以下のオンラインで見ることができる。http://wonderwombman.com/sojourner-truth-the-different-versions-of-aint-i-a-woman/。〝アメリカ人女性のしゃべり方〟についてのヘンリー・ジェイムズのエッセーは、*Henry James on Culture: Collected Essays on Politics and the American*

Social Scene, edited by Pierre A. Walker (Lincoln and London, 1999), 58–81 に収録されている。その他の引用については、Richard Grant White, *Every-Day English* (Boston, 1881) 93、William Dean Howells, 'Our Daily Speech', *Harper's Bazaar* 1906, 930–34、Caroline Field Levander, *Voices of the Nation: Women and Public Speech in Nineteenth-Century American Literature and Culture* (Cambridge, 1998) を参照のこと。ご存知のとおり、オンライン・ハラスメントについて正確にレベルの測定をするのは非常に困難で、実際の影響と報告のあいだに齟齬があるという問題は永遠に解決できそうにないが、広範な参考図書を含む最近の評論として役立つのは、Ruth Lewis and others, 'Online abuse of feminists as an emerging form of violence against women and girls', *British Journal of Criminology*（二〇一六年九月、オンラインにて発表。http://academic.oup.com/bjc/article-lookup/doi/10.1093/bjc/azw073）。

フルウィアがキケロの頭部をめった刺しにした話は、カッシウス・ディオ『ローマ史』47, 8, 4。

第二部

クリュタイムネストラは androboulon であると明確に主張しているのは、アイスキュロス『アガメムノン』11。Adrienne Mayor, *The Amazons: Lives and Legends of Warrior Women across the Ancient World* (Princeton, NJ, 2014) は、アマゾネスについて従来とは違った観点から詳しく論じている（とはいえ、私としては納得がいっていない）。『女の平和』のグリアによる翻訳は、G. Greer and P. Wilmott, *Lysistrata: the Sex-Strike* (London, 1972)。*Looking at Lysistrata: Eight Essays and a New Version of Aristophanes' Provocative Comedy*, edited by David Stuttard (London, 2010) はこの戯曲に含まれるさまざまな議論を知るうえで格好の入門書である。古典としてメドゥーサの物語が読めるのは、たとえばオウィディウスの『**変身物語**』4, 753-803。メドゥーサの物語を復権させようとするすぐれた試みとしては、たとえばH. Cixous, 'The Laugh of the Medusa', *Signs* 1 (1976), 875–893［H・シクスー『メデューサの笑い』松本伊瑳子、国領苑子、藤倉恵子訳、紀伊國屋書店、一九九三年、に所収］、*Laughing with Medusa*, edited by Vando Zajko and Miriam Leonard (Oxford, 2006) などがある。役に立つエッセー集として、*The Medusa Reader*, edited by Marjorie Garber and Nancy J. Vickers (New York and Abingdon, 2003) がある。ウェールズ議会に関する〈フォーセット協会〉の見解は以下のサイトに要約されている。https://humanrights.brightblue.org.uk/fawcett-society-written-evidence/ (「子育て関連の議論がおこなわれたときはその六十二パーセントを、DVに関する議論がおこなわれたときはその七十四パーセントを、男女同一賃金については六十五パーセントを、女性議員が問題提起した」)。

あとがき

映画業界の女性に関する統計値は、Martha M Lauzen, 'The Celluloid Ceiling: Behind-the-Scenes

Employment of Women on the Top 100, 250 and 500 Films of 2017', *The Celluloid Ceiling Report* 2018 (http://womenintvfilm.sdsu.edu) で見られる。ミラノからローマへの列車の旅についての私のコメントは、*London Review of Books*, 24 August 2000, 34-5 で読める。

図版一覧

＊図版の著作権保有者にはあらゆる手段を用いてできるかぎり接触を試みましたが、追跡しきれなかった挿絵について、もし何かご存知の方がいらっしゃったら、情報をお寄せいただければとてもありがたく思います。その場合、改版時に訂正いたします。

Pablo Picasso's Struggle
between Tereus and his sister-in-law Philomela (1930),
from The Metamorphoses of Ovid. 全図

提供：akg-images/ アフロ

著者について

メアリー・ビアード

Mary Beard

ケンブリッジ大学古典学教授、ニューナム・カレッジ特別研究員、「ロンドン・タイムズ」紙文芸付録の古典文学編集者。英国学士院会員、アメリカ芸術科学アカデミー特別会員。著書に国際的ベストセラー『SPQR ローマ帝国史』(邦訳、亜紀書房)のほか、『Confronting the Classics』、『Pompeii: The Life of Roman Town』(ウルフソン歴史賞)など多数。アストゥリアス皇太子賞受賞、大英帝国勲章(デイム・コマンダーDBE)受勲。

訳者について

宮﨑真紀

みやざき・まき

英米文学・スペイン語文学翻訳家。東京外国語大学外国語学部スペイン語学科卒業。訳書にメアリー・ビアード『SPQR ローマ帝国史』、ルイーズ・グレイ『生き物を殺して食べる』(ともに亜紀書房)、ビクトル・デル・アルボル『終焉の日』(東京創元社)、ニナ・マクローリン『彼女が大工になった理由』(エクスナレッジ)など多数。